书明德系 趣味文明史
有趣 & 有料

THE SECRET LIBRARY

A Book-Lovers' Journey Through Curiosities of History

秘密图书馆

一部另类文明史

[英] 奥利弗·特尔 / 著
柳建树 / 译

Oliver Tearle

中国人民大学出版社
· 北京 ·

目 录

引 言

有人问切斯特顿（G. K. Chesterton）：如果你流落荒岛，想要带一本什么书？切斯特顿回答："《托马斯实用造船指南》（*Thomas's Guide to Practical Shipbuilding*）。"这个机智的回答或许引人发笑，但这也意味着荒岛唱片节目①再也不请他做嘉宾了。然而切斯特顿的妙语确实提醒我们去注意一个平凡但经常被遗忘的事实："书"并不仅仅指那些"文学名著"或是"你一直想读但从没有时间或勇气去读的小说"。一本书可能完全以实用为目的，但它对西方社会的历史影响却是深远的。

欧几里得的《几何原本》（*Elements*）是两千多年前的一本教科书。恐怕很少有书虫会在一天的劳累之后，拿起欧几里得做睡前读物。但《几何原本》的影响是难以计算的（有点讽刺的是，这本书讲的就是计算）。与此相似，绝少有读者会带一本约翰逊博士（Dr. Johnson）的字典泡热水澡，但其后的每一本字典——从美国的《韦氏大词典》到成就惊人的《牛津英语词典》——都从中获益良多。这些书是时代的产物，但也反过来影响了之后时代的文化与知识轨迹。这就是本书的主题。

事实上，《秘密图书馆》这本书试图探索并回答一些我好奇已久的

① 英国广播电台的一个节目，每期的嘉宾都会被问："如果被流放荒岛，你会携带哪些唱片、书和奢侈品？"自 1942 年至今，本节目已制作三千多期。——译者注

与书籍相关的问题。其中一些问题我已经在我的博客“有趣的文学：文学趣味图书馆”（Interesting Literature：A Library of Literary Interestingness）中有所回答。但其中的大多数问题，尤其是那些文字之外的问题，是这本书中独有的。欧几里得的哪些举动是富于原创性且重要的？科幻小说真的准确预言过未来吗？谁写了第一本食谱？维多利亚时代的人真的都一本正经吗？他们的小说真的回避性事吗？

《秘密图书馆》试着去寻找这些问题的答案。它有两个相互关联的目标：一是揭示名著鲜为人知的一面，二是说明某些无名的书籍是如何与我们熟知的世界有着惊人的密切关系的。它从熟悉中寻找陌生，从陌生中寻找熟悉。简言之，它尝试发现人类所写过、录入过、刻过、口述过或制造过的最知名和最无名的书中鲜为人知的一面。

在书籍的世界中深挖一点，你就会发现各种未被讲述过的故事。每个人都听说过希腊的古典诗人荷马（Homer），但有谁听说过戏仿荷马的作家们呢？埃德加·爱伦·坡（Edgar Allan Poe）的短篇小说声名卓著，但几乎无人知晓他那本令人惊讶的书——事实上那是他一生里唯一畅销的书。我们都知道莎士比亚（Shakespeare）写了一部名叫《哈姆雷特》（*Hamlet*）的戏剧，但他不是第一个这样做的剧作家。本书关注的就是那些被忽视的书，那些掉到了图书馆书架背后并已经被遗忘的书。但有时一本经常被看的书也会出现在本书的考察范围内。我肯定不会说但丁（Dante）的《神曲》（*Divine Comedy*）少有人知，但有多少人真正读过它呢？因此，那本书中“屁声大震”的时刻是中世纪文学隐藏最深的秘密之一。

《秘密图书馆》不想成为“影响了历史的九十九本书清单”或是“人一生必读的九十九本书汇编”，因为我讨论的一些书并没有留存到现代，其中还有一本甚至可能压根儿就没存在过（我会在适当的时候解释）。相反，它是好奇心的混合物，是对一间想象中的图书馆的快速浏览——图书馆里堆满了我们熟悉或陌生的书。我讨论的每一本书都向我们透露了一些它所产生的时代的信息。作为一个整体，它们对我刚才提到的问题给出了一些意味深长的回答。

这本书由九个章节组成，大体覆盖了从古至今的主要历史和文化阶段：古典世界、中世纪、文艺复兴，等等。过了 17 世纪中叶之后，每件事都变得有趣又复杂起来，尤其是一块叫作美洲的新大陆这时也开始出版书。我用独立的一章来讲美国 17 世纪至 19 世纪书籍的发展，也用同样的方式处理欧洲大陆书籍的发展状况。所有这些在最后一章里重新组合，聚焦于 20 世纪的西方现代性。

开启图书馆之旅前还有一件事。在每一章中，每一本书都和之前的书有所联系。这种联系有时明显，有时需要一点时间才能发现，但它们肯定存在。希望你在寻找这些联系时获得乐趣，就像我一样。

奥利弗·特尔

第一章 古典世界

古典世界的遗产随处可见：民主制、剧院、抒情诗、奥林匹克。许多哲学和建筑都植根于古希腊。但在更细节之处，我们同样生活在古典时代的祖先们创造的世界中。看看我们的语言，比如那些今天仍然常用的拉丁短语：carpe diem（“把握今天”，来自贺拉斯的诗）或是 in vino veritas（“酒中有真言”，来自老普林尼）。在英格兰，大多数人每天都会携带一点儿《埃涅阿斯纪》（*Aeneid*）：decus et tutamen（装饰与护卫）。这句维吉尔（Virgil）的诗句就刻在英镑硬币的边缘。美国钱币也刻有拉丁短语：E Pluribus unum（合众为一）。它被视为维吉尔的作品——可爱的是，这是一本关于香蒜酱的食谱。

如果考虑到许多古典时期的文学、哲学、科学和数学都没能留存至今，那么这些痕迹就更让人瞩目了。想象一下，要是那些失传的古典作品今天依然存在会如何。如果拥有了索福克勒斯所有的一百来部作品，而不是留存下来的区区七部，那么我们该多么富足。在大学课堂上，没有人能够研究亚里士多德的喜剧理论，也就是《诗学》的第二部分，只是因为没有副本流传下来。

既然你正在拿着的这本书是以书为基础的，那么从古典世界讲起就再合适不过了，因为正是在那时，书籍才真正被发明出来。最古老的由多个页面组成的书（也就是说并非单一的卷轴）通常被认为是大约 2500 年前的伊特拉斯坎金书（Etruscan Gold Book）。六张 24K 金的金页由圆环连在一起，成了一个或许可以被称为“书”的整体。它是在 20 世纪中叶才被发现的。遗憾的是，它由伊特拉斯坎文写成，而人们对其所知甚少，翻译起来很是棘手——这是轻描淡写的说法。其实直至今天，我们还不知道它到底讲了些什么。

幸运的是，有许多诗歌、戏剧、小说、科学和哲学著作是我们能够破译和阅读的。所以，与其对着无法破解的伊特拉斯坎文挠头，不如先看看这些吧。

荷马史诗

荷马因为两部史诗而知名：关于特洛伊战争（Trojan War）的《伊利亚特》（*Iliad*）和关于奥德修斯（Odysseus）返回伊萨卡（Ithaca）家乡历程的《奥德赛》（*Odyssey*）。《伊利亚特》是西方第一部伟大作品。大约成书于公元前 8 世纪。它记录了特洛伊和希腊城邦之间的十年战争，尤其聚焦在战事的最后阶段。在其中登场的有亚马孙人（荷马称为“antianeirai”的女战士，意为“能与男人匹敌者”），有如阿伽门农（Agamemnon）和阿喀琉斯（Achilles）攻城略地的英雄。这还只是以字母 A 开头的人物。

荷马的身份仍然是个谜。我们甚至不完全确定这个人的生卒年月——如果他确实存在过的话。《伊利亚特》具体是如何写成的也是一个谜：这些诗起初大概只是口头传统的一部分，直到很久之后才被书写下来。但我们不知道荷马是否就是那个眼盲的游吟诗人。如今时间过去了将近三千年，这些事情就更加无从得知了。

> 维多利亚时代的小说家塞缪尔·巴特勒（Samuel Butler）推测荷马是个女人。另有多人论证《伊利亚特》出自多人之手。

《伊利亚特》的故事不知不觉地进入了我们的日常生活。希腊人狡猾地躲进一匹大木马里，进入了敌人的城市，这产生了“特洛伊木马”（Trojan Horse）这个词（在电脑中，意为“伪装为无害的恶意软件”）。赫克托（Hector）这个角色产生了动词 to hector，意为骚扰或是欺凌某人。如果我们想要指出某个看似无敌之人的唯一弱点，我们仍然会说那是他的“阿喀琉斯之踵”（Achilles' heel）——这是那位希腊英雄身上唯一的弱点。（然而有趣的是，荷马其实从未提到过这个故事。它似乎是后来创造的。其实，《伊利亚特》中的阿喀琉斯并不是无敌的：有一处，一根长矛击中了他的手肘，让他出血。）

有一件关于《伊利亚特》的事，每个人都以为自己知道，但它其实并不太准确，也就是，《伊利亚特》讲述了特洛伊人和希腊人之间的战争。正如理查德·詹金斯（Richard Jenkyns）在他的《古典文学》（*Classical Literature*）一书中所指出的，所谓的希腊人（Greek）并不认为自己是“希腊人”（Greek），因为这个称呼是后来罗马人使用的。他们称自己为“希伦人”（Hellenes）。但在《伊利亚特》中，甚至这个称呼也不完全准确，因为荷马称呼他们为“亚该亚人”（Achaeans）、“阿尔戈斯人”（Argives）或者“达奈艾斯人”（Danaans），但从未称他们为“希腊人”或“希伦人”。另外，虽然特洛伊战争持续了十年，但荷马的《伊利亚特》只记录了战争尾声的几周——而且 24 卷中的 22 卷描写的只是几天时间中发生的事。

在古典时代，荷马也是《伊利亚特》和《奥德赛》之外一些书的作者，其中包括一首名为《马吉特斯》(*Margites*) 的喜剧诗。诗名来自其愚蠢至极的主人公。马吉特斯疯狂、迂腐、虚荣而且愚蠢——他如此愚蠢以至于他不知道双亲中是哪一个生了他。虽然该诗的大部分没有流传下来，我们却知道这首诗在古典时代颇为流行。一位名为菲洛德穆 (Philodemus) 的哲学家曾经在文中用“像马吉特斯一样疯狂”的说法。“狐狸懂得许多事，而刺猬只懂得一件大事”这个谚语曾被安排在许多作家和思想家头上，但它其实源于这首诗。

但《马吉特斯》是荷马所写吗？学者表示质疑。虽然有亚里士多德这样的权威在《诗学》中把这首诗归为荷马的作品，但其他学者对此将信将疑，提出另一位希腊作家皮格雷斯 (Pigres) 更可能是真正的作者。还有一首诗被亚里士多德归为荷马的作品，却被历史学家认为另有作者。这首诗名为 *Batrachomyomachia*，意为“蛙鼠大战”。它实质上就是对荷马《伊利亚特》的长篇戏仿，只是把希腊人和特洛伊人替换成了两栖类的蛙和啮齿类的鼠，还对《伊利亚特》的英雄大加嘲弄。从一开始——或是非常接近开始的地方，反正差不多吧——西方文学就在自嘲。

在《蛙鼠大战》之中，蛙王背负着鼠王，一起过池塘。突然间，他们发现了一条水蛇。为了自保，蛙王本能地扎进池底，扔下了鼠王不管。可怜的鼠王淹死了，而他的人民（抱歉，他的鼠民）把蛙王的行为解读为故意谋杀，并且起誓要对蛙王和他的人民（抱歉，他的蛙民）复仇。

伊丽莎白时代的诗人乔治·贾浦曼 (George Chapman) 把《蛙鼠大战》翻译为英文，但济慈在落笔书写《初读贾浦曼译荷马有感》(*On First Looking into Chapman's Homer*) 的时候，头脑中想的恐怕不是《蛙鼠大战》这首诗。《伊利亚特》虽然强调了战争的徒劳，但总体来讲，它给特洛伊战争披了一层宏大的英雄主义薄纱。而这首讽刺史诗看上去是在挑战这一点。《蛙鼠大战》中的战争纯粹是琐碎的口角。所以它既是最早的滑稽诗之一，也可能算得上最早的反战诗。

传奇伊索（Fabulous Aesop）①

在皮格雷斯——或是它的那位真正的作者——写作《蛙鼠大战》的时候，在文学中运用动物的传统就已经扎根了。但动物故事既能传达道德教训，也能制造矫揉造作的喜剧效果。最清晰的例子当属伊索的《寓言》（*Fables*）。他的一个寓言以青蛙背着老鼠过池塘为开头，结尾却是老鼠淹死了。

> 根据柏拉图的《斐洞篇》，苏格拉底为了消磨监狱中的时间，曾以伊索的寓言为题写诗。

伊索并不是写动物寓言的第一人。几个世纪以前，赫西俄德（Hesiod）曾经写过一个鹰和夜莺的故事，而且诗人阿尔齐洛科斯（Archilochus）也写过几个，包括一个鹰与母狐狸的故事，还有一个狐狸和猴子的故事。但伊索把寓言变为一种流行的形式。威廉·卡克斯顿（William Caxton）在 1484 年印刷了《寓言》的第一个英文版，让

① “Fabulous”一词一语双关，既指“虚构的、传奇的”，也指“极好的”。——译者注

“酸葡萄”（sour grapes）和“狼来了”（to cry wolf）这样的短语进入了英文，不过其中并不包括人们一般以为的“披着羊皮的狼”（a wolf in sheep's clothing）。（虽然伊索的一个寓言中确实出现了打扮成羊的狼，但它其实是《圣经》中的一个短语。）《寓言》馈赠给我们的其他一些短语被误解了，或者至少被创造性地改变了。例如“狮子的份额”（lion's share）这个短语来自一个寓言，讲的是狮子拿走了所有的食物，一点儿也没有留给他的狩猎伙伴。如今，“狮子的份额”仅仅指代最大的一份，这样伊索故事中苦涩的讽刺感就丢失了。《寓言》中一些不太出名的故事包括《老鼠和牡蛎》《有两个情人的男人》和《将埃塞俄比亚人洗白》。

伊索同荷马一样，我们无法确定他是否真正存在过。如果他确实存在过，他大约生活在公元前 6 世纪，在荷马之后几个世纪——若是荷马他自己也是真正存在过的话。伊索的《寓言》或许是多位作者的产物，是一个逐渐积累的口述传统的一部分。然而，关于讲故事的人的传说越来越多。一位评论者声称伊索曾于公元前 480 年参加过塞莫皮莱（Thermopylae）战役。但既然那时他已经去世将近一个世纪了，那他大概没帮上太多忙。

其实，如果一个叫作伊索的人确实存在过的话，那他应该是一个残疾黑奴。他是非洲人——可能是埃塞俄比亚人——这个想法已经存在颇有一段时日。《寓言》中出现了骆驼和大象这些动物，这可以支持这个理论——更别提还有《将埃塞俄比亚人洗白》这样的故事了。伊索是埃塞俄比亚人的猜想不仅来自他的《寓言》，也来自他的名字。根据学者马克西莫斯·普拉努得斯（Maximos Planudes）的说法，伊索（Aesop）或是埃索（Esop）来自埃塞（Ethiop）。（说明：很可能并非如此！）

不管名字的来历如何，根据伊索的故事推测，他是一个奴隶的理论能够自圆其说。希腊社会中地位如此低微的一个人不能坦率地说出自己的想法，他只能通过寓言来讲述他所生活的社会。亚里士多德和希罗多德都支持伊索是奴隶的假设，这让文学史家猜想伊索是萨莫斯（Samos）岛上的奴隶。普鲁塔克（Plutarch）曾有一个流传甚广的故事，讲的是伊索在德尔菲（Delphi）走到了人生尽头，他因为偷窃而被人从悬崖上扔下。但大多数历史学家都认为这是虚构的。

如果寓言是有道德寓意的故事，那么伊索的《寓言》有何寓意？最知名的寓意来自《龟兔赛跑》，它劝告人“稳定的人笑到最后”。但这篇寓言也可以有其他解读。它的道德寓意也可能是“过度自信会浪费一个人的才华”（兔子对自己的胜利太过自信，愚蠢地在半路上打了个盹儿）。或许两者都有一些。

莱斯沃斯的诗人（The Poet of Lesbos）

在19世纪和20世纪交替之际，对埃及开罗以南100英里[①]的俄克喜林库斯（Oxyrhynchus）废墟的一系列挖掘使人们发现了若干纸莎草纸卷轴。其中包括《马吉特斯》的片段，也包含了抒情诗人萨福（Sappho）许多失传已久的诗篇。她的诗篇陆续被发现，2004年和2012年分别有两个片段出土。

在《历史》（*Histories*）一书中，希腊作家希罗多德把萨福和伊索通过洛多庇斯（Rhodopis）联系在一起。洛多庇斯这名色雷斯的（Thracian）交际花后来成了灰姑娘（Cinderella）故事的原型（希腊语中称她这类身份的女性为“hetaerae”——收受钱财为男人服务的高级

① 1英里约为1.609千米。——译者注

女性同伴）。根据希罗多德的说法——对他的话我们可得打个折扣——洛多庇斯和伊索是朋友（如果“朋友”这个词合适的话）。后来当洛多庇斯被埃及法老逮捕，是萨福的兄弟卡拉克索斯（Charaxus）用“一大笔钱”救出了她。所以，伊索和萨福通过灰姑娘的原型有了联系。

虽然她的诗歌只有一小部分留存下来，萨福过世后的文学声誉却是大多数抒情诗人所无法企及的。而且虽然我们对她的身世与作品都知之甚少——或者恰恰因为我们知之甚少——她却成了抒情诗人的典范，当然，她也成了女同性恋的象征。“女性荷马”是她的许多称号之一。柏拉图称她为“第十位缪斯”。维多利亚时代的诗人阿尔杰农·查尔斯·斯温伯恩（Algernon Charles Swinburne）认为她是最好的诗人，比荷马或莎士比亚还好。对于一个只有残篇留下来的诗人来说，这个成绩还不坏。

一位学者不嫌麻烦地抄写了萨福的一首诗，因为他欣赏她对元音的运用。

但事情不总是这样。曾经，有许多萨福的诗歌抄本流传。但时间下手了，还有多次图书馆大火和对诗中“淫荡”的性内容持反对意见的信徒从旁协助。他们终结了萨福诗歌的流传。到中世纪，萨福的诗歌只有一小部分流传下来。直到 1904 年，加拿大诗人布利斯·卡曼（Bliss Carman）发表了《萨福：抒情诗百首》（*Sappho：One Hundred Lyrics*），这位古代世界的伟大女诗人才有了第一个有分量的英文译本。但这些诗中有一些不是萨福的作品，而是卡曼自己的。他擅自在翻译中增加了一些诗行。这本书取得了巨大的成功，并帮助引领了现代诗歌的潮流，尤其影响了埃兹拉·庞德（Ezra Pound）的意象派

（Imagist）诗歌和希尔达·杜立特尔（Hilda Doolittle）（她对萨福式的爱情也并不陌生）。

萨福的生活也吸引了很多推测，但我们对她的生活比对她的诗知道得更少。她是“女同性恋（lesbian）”这个词的来源，因为她诗中有同性爱的因素而她来自希腊的莱斯沃斯岛（Lesbos）。“Lesbian”是个相对现代的称呼：这个词用来描述女同性恋的最早记录是在 1925 年奥尔德斯·赫胥黎（Aldous Huxley）的一封信中（他后来写了《美丽新世界》）。这封信证明了，1870 年下流的维多利亚诗人阿瑟·芒比（Arthur Munby）的日记中曾用过“女同性恋主义”（Lesbianism）这个词。19 世纪晚期之前，常用来指女同性恋的词是“tribade”和“tribadism”（来自希腊语的“摩擦”这个词）。“女同性恋主义”这个词登上历史舞台和人们对萨福诗歌的兴趣是同时发生的。对萨福的发现不仅改变了 20 世纪的诗歌，也改变了我们谈论女同性恋的方式。

几何原本

对建筑师或石匠来说，一把“莱斯比亚尺”（Lesbian rule）是指一把用铅做成的尺子。它可以弯曲，以便适应建筑的曲线。这个词也有一层比喻的含义，用来指尚未确定的、可以进行修改的原则或是意见。多亏了亚里士多德，我们才知道希腊人有莱斯比亚尺（有时候知道一些这种事也不错）。在他的《尼各马可伦理学》（*Nicomachean Ethics*）中，他用莱斯比亚尺来说明公正。他写道：“莱斯比亚建筑者们用铅做尺子，尺子的形状为了适应石头的形状而改变，并不是固定的，这正如一条法令或裁决去适应环境。”

虽然亚里士多德的著作包含数学也包含哲学，但古希腊最伟大的数学家恐怕是欧几里得（Euclid）。但指的是哪一个欧几里得呢？当时有好几位欧几里得。迈加拉的欧几里得（Euclid of Megara）是哲学家苏格拉底的学生。这位欧几里得对老师如此热诚，以至于当迈加拉城禁止市民前往雅典的时候，欧几里得夜里扮成女人潜入雅典去见老师。这位欧几里得的作品一件也没有流传下来。另一位欧几里得——住在亚历山大城的那一位——是有名的那位。也正是他写了那本叫作《几何原本》的书。

至少，人们假定是欧几里得写了《几何原本》。事实上，证据并不充分。许多早期的副本并没有提及作者。后来，有一位作家普罗克洛斯（Proclus）草草提及它的作者是欧几里得，人们也就接受下来。至少，大部分历史学家认为这是准确的。

欧几里得的作品于1570年第一次被翻译为英文。为这本书写序的人是约翰·迪伊（John Dee），即女皇伊丽莎白一世（Queen Elizabeth Ⅰ）的占星师。

《几何原本》并不是留存至今最古老的希腊数学著作。另有一本著作——奥托吕科斯（Autolycus）所写的《论运动的球体》（*On the Moving Sphere*）比它早了一代，但《几何原本》所产生的影响无疑是最大的。学者们几乎毫无争议地认为它是有史以来影响力最大的教科书。它于9世纪被翻译为阿拉伯文，并激发了中东地区接下来几个世纪中的大量数学发现。在中世纪，它是印刷数量仅次于《圣经》的著作。然而，它也是影响深远的著作中人们读得最少的一本，正如艾萨克·牛顿（Issac Newton）的《自然哲学的数学原理》（*Principia*）和卡尔·马克思（Karl Marx）的《资本论》（*Das Kapital*）一样。

这本书前面的部分经常被认为大多是基于毕达哥拉斯（Pythagoras）的著作——至少是基于那些被算在毕达哥拉斯名下的作品。毕达哥拉斯做了许多事：他的灵魂轮回观点会影响包括柏拉图在内的后世哲学家，他关于宗教神秘主义的学说吸引了不少追随者。他留下了一系列戒律给他的信徒。这些戒律强调了远离豆子的重要性，永远不要向太阳的方向小便，以及不能和戴金首饰的女人生孩子——或许这条是最奇怪的。关于毕达哥拉斯的传说逐渐多起来：根据一种说法，有一次他甚至实现了同时出现在两个城市里这种壮举。在这些传说中，唯独没有和数学有关的。毕达哥拉斯作为数学家的声名是在他去世后才被编造出来的。柏拉图学园的两位哲学家斯珀西波斯（Speusippus）和色诺克拉底（Xenocrates）为了让柏拉图的科学观点看上去与已有的理论呼应，编造了毕达哥拉斯的数学成就。关于直角三角形的定理是在毕达哥拉斯死后五百年才第一次以毕达哥拉斯的名字命名的。

类似的，虽然《几何原本》被称为“欧几里得的《几何原本》”，而且欧几里得无疑写了它，但这部著作中原创的部分相对较少。它甚至可能是参考了希俄斯岛的希波克拉底（Hippocrates of Chios）的一本书而写成的。那本书没有流传下来。《几何原本》取材于许多其他著作这件事增强了它作为西方世界第一本教科书的地位。欧几里得的伟大才华在于他把其他数学家所得出的定理融合在一起，并且把几何和三角学的整个学科用简明易懂的方式呈现出来。

俄狄浦斯情结

亚里士多德是一位不断创新又影响深远的哲学家。他也是柏拉图之后最早的文学评论家之一——如果不算那些作品没能流传下来的人的话。在他的《诗学》（*Poetics*）中，他第一次给了我们20世纪所说的“文学理论”。在这本著作里，他思考什么构成了一部好悲剧，并且决定这类作品中最有代表性的例子是索福克勒斯（Sophocles）的《俄狄浦斯王》（*Oedipus Rex*）。

悲剧这种类型始于古希腊。最早的伟大的悲剧是在盛大的城市酒神节（City Dionysia）上演的。数千名希腊公民会聚集在埃勒尤斯利厄（Eleuthereus）的酒神剧场，观看悲剧三部曲，比如埃斯库罗斯（Aeschylus）的《奥瑞斯提亚》（*Oresteia*）。从社会角度来看，古希腊人去剧院的举动与今天去剧院大不相同，他们看戏更像是现代人去看足球赛。

因为观众人数太多，所以演员只能佩戴面具以象征他们的角色，这样即便是坐在剧院后排的人也能分清不同角色。在拉丁语中，这些面具叫作“persona”（面具）。所以今天当我们说某人性格大变的时候，会说他戴上了面具（adopting a persona）——在比喻的意义上。这就解释了为什么戏剧的角色列表也叫作Dramatis Personae（剧中人物）。

希腊的城市酒神节很可能起源于早期的丰收节。那些节日上也会有戏剧演出，而且一头山羊会被献祭给葡萄酒、丰收和谷物之神——狄俄尼索斯（Dionysus）。其中的寓意是这头羊会抵消城邦所犯下的罪行，正如犹太-基督教中替罪羊的概念一样。悲剧也被设计得具有某种对群体的净化作用。而且悲剧这个词本身也暗藏了这重含义，因为悲剧（tragedy）这个词很可能来源于希腊文“山羊的歌”（goat song）这个词。

> 俄狄浦斯的故事启发了心理分析之父西格蒙德·弗洛伊德（Sigmund Freud），让他产生了“俄狄浦斯情结”（Oedipus complex）的概念。根据这个概念，每个男孩都暗自怀有愿望，希望能做俄狄浦斯做过的事情。

古希腊最著名的悲剧之一是《俄狄浦斯王》。索福克勒斯的这出悲剧讲的是忒拜国王不知不觉间弑父娶母，无意间实现了他逃避一生的预言。悲剧这种类型需要有一位悲剧英雄，他往往被诱惑去做某件事（经常是杀人，当然也不尽如此），而做了这件事之后，英雄的命运就开始恶化，最终以他的死亡结束，或者如《俄狄浦斯王》中一样，主人公刺瞎了自己的双眼。（弗洛伊德对此也有解读，他认为这象征了阉割。）

希腊悲剧背后的意图是希望观众反思自己的所思所为，确保他们避免重蹈俄狄浦斯的覆辙。虽然俄狄浦斯是在无意间弑父娶母的，但最初正是他的骄傲导致了他与拉伊俄斯（Laius）（事后发现这个人正是他的父亲）之间的争执。如果他当初没有那么骄傲，他就永远不会杀死这个他在路上偶遇的人，他的母亲就不会守寡，而他弑父娶母的预言也就永远不会实现。但这么说也有一点不公平，既然希腊人相信一切都是命定的，那么无论俄狄浦斯愿意与否，他最终都会实现预言。这样一来，希腊悲剧的主要“寓意”（moral）似乎成了“生命并不公平”。这些山羊的歌唱纯属徒劳。

讽刺

我们都知道悲剧和喜剧，也知道它们起源于希腊的剧院。但隐约间还有第三种戏剧：羊人剧（satyr play）。

羊人剧是猥亵的讽刺剧或滑稽剧，以演员们用硕大的捆绑起来的阴茎玩闹而著称。阳物是丰收和生殖力的流行的象征，与酒神密切相关。虽然羊人剧在基调上是讽刺性的（satirical），但“satyr”（羊人）

和"satire"（讽刺文学）之间没有关系：羊人剧的名字来源于神秘的野兽、半人半羊的羊人，它们是这类剧的主角。

欧里庇得斯、索福克勒斯和埃斯库罗斯是希腊剧院的三位伟大悲剧作家。他们都生活并工作在最早有记录的羊人剧出现后的时期，大约在公元前500年，虽然一些形式更原始的羊人剧在那之前很久可能就已经出现了。很可能的情况是，喜剧和悲剧是从羊人剧发展而来的，至少它提供了原型。

羊人剧经常使用希腊神话，并且颠覆或者戏仿它们。短剧会由一群羊人主演——羊与人的混合体。在城市酒神节上，这些戏剧会上演。戏剧家会先上演悲剧三部曲，然后以一出羊人剧收尾。一场节日会选出一位获胜的剧作家。虽说这整个节日都是献给酒神的，但这个传统很可能产生于更早期的与谷物、丰收和重生有关的宗教仪式。

只有一部羊人剧完整地流传下来。它是由伟大的悲剧作家欧里庇得斯创造的。这部剧叫作《库克罗普斯》（*Cyclops*），讲述的是奥德修斯被独眼巨人（我在这里不会讲一个关于阳物的笑话①）波吕斐摩斯（Polyphemus）囚禁在山洞中的故事。除了《库克罗普斯》，保存最好的羊人剧是索福克勒斯的《追踪者》（*Ichneutae*）。

在我们看来，在严肃的悲剧三部曲——都是非常具有情感力量的作品——之后，以一个短小的滑稽闹剧来收尾，这感觉有点奇怪。但这种做法流传至莎士比亚的时代，只发生了少许变化。在伊丽莎白时代的剧院里，这位诗人的悲剧本来会接着一个短剧。在《罗密欧与朱

① 独眼巨人（one-eyed monster）的名字可能让人联想到阴茎。作者本想在这里讲一个关于阳物的笑话，但出于某些原因，他又决定不讲。虽然不讲，但他还是特别强调了。——译者注

丽叶》(*Romeo and Juliet*)的悲剧死亡或是《麦克白》(*Macbeth*)的血腥结尾之后，一个滑稽短剧或是戏剧小品会为整个下午的娱乐圆满收尾。

罗马的盖茨比

西方文学20世纪20年代以来的三部最伟大的作品——T. S. 艾略特(T. S. Eliot)的《荒原》(*The Waste Land*)，詹姆斯·乔伊斯(James Joyce)的《尤利西斯》(*Ulysses*)，还有F. 斯科特·菲茨杰拉德(F. Scott Fitzgerald)的《了不起的盖茨比》(*The Great Gatsby*)——都在向一部古罗马的非凡的文学作品致敬，而这部作品保留下来的只是一些片段。根据不同的观点，这部作品要么是有史以来的第一部小说，要么是一部可耻的垃圾淫秽作品。它的名字《萨蒂里卡》(*Satyricon*)意为"羊人一样的历险"，这暗示了书中的荒淫内容。

这本书的作者彼特罗纽斯(Petronius)同样是个有趣的人物。在公元1世纪，他在尼禄皇帝的宫廷供职(他的职位听上去颇为不同凡响，叫作elegantiae arbiter，意为典雅的仲裁者)。据历史学家塔西佗说，只有当彼特罗纽斯认可一件东西时，尼禄皇帝才会觉得它可爱。不幸的是，尼禄的这种器重并没能持久：尼禄最终认为彼特罗纽斯能做的最可爱的事就是自杀。看起来是一个诡计多端的叫作提格利奴斯(Tigellinus)的对头嫉妒彼特罗纽斯的高位，设法让尼禄相信他的宠臣"典雅的仲裁者"原来是个叛徒。尼禄最终下令处死这个宠臣。彼特罗纽斯选择自尽，他一边和朋友谈论着诗歌，吃着简餐，一边割开了手腕上的血管，让自己缓慢流血而亡。他甚至把自己的死亡也变成了艺术。

F. 斯科特·菲茨杰拉德一开始随便为《了不起的盖茨比》起了个名字，叫作《西卵的特里马乔》（*Trimalchio in West Egg*）。这是把有钱的派对大亨杰伊·盖茨比比作了彼特罗纽斯名著中富裕的主人。

他的小说的名字《萨蒂里卡》具有双重含义。一方面，它指的是希腊神话中荒淫的羊人（绑着巨大的阴茎的那种）；另一方面，它也暗示了这本书讽刺的腔调。具体来讲，《萨蒂里卡》属于梅尼普讽刺体（Menippean satire）（这种讽刺嘲讽的是整体的态度，不只是具体的人和机构）。它是醉酒、纵欲、关于艺术和教育的热烈争论和对厕所的频繁光顾的杂芜的混合体。这本书留存下来的部分很可能不足原作的十分之一，抑或更少。在留下的部分里，叙述者是一个叫作恩可比乌斯（Encolpius）的曾经的角斗士和他的恋人——名叫吉东（Giton）的少年男仆。这部残篇大多聚焦在特里马乔那铺张的宴席上。这位主人曾经是一个奴隶，荒淫而有钱。

《萨蒂里卡》是伟大的艺术还是赤裸裸的色情？那场关于文学作品的无休无止的争论就是从彼特罗纽斯的这部小说开始的——如果它算得上是小说的话。无论在哪种意义上，它无疑都是一部很现代的作品，这尤其体现在它关注的是罗马人真实的日常生活上（在彼特罗纽斯之前，古典诗歌和戏剧在描写人的时候倾向于理想主义，而非写实主义）。如斯蒂文·摩尔（Steven Moore）在《小说：一部另类历史》（*The Novel: An Alternative History*）中指出的，彼特罗纽斯的书和詹姆斯·乔伊斯的现代杰作《尤利西斯》十分相像。它们都在荷马《奥德赛》的情节基础上进行了松散的改写，都粗鄙猥亵，文风多样，而且都与之前的文学作品有很深的关系。但彼特罗纽斯的写作比乔伊斯早了两千年。《尤利西斯》发表于 1922 年。同一年里，T. S. 艾略特发表了《荒原》，它以彼特罗纽斯的句子作为题词。

彼特罗纽斯的小说为叙述者本人也是故事中的人物开了先河，这迥异于当时的传奇小说和史诗中叙述者那超然的口吻。因为这个原因以及其他种种原因，这部小说代表了小说发展史中的一个关键时刻。

真实故事……

精确地指出科幻小说的起源是一件棘手的事。它是从 1864 年儒勒·凡尔纳（Jules Verne）的《地心游记》（*Journey to the Centre of the Earth*）开始的吗？或者是始自 1818 年玛丽·雪莱（Mary Shelley）的《弗兰肯斯坦》（*Frankenstein*）？一些著名的科幻作家，包括艾萨克·阿西莫夫（Isaac Asimov）和卡尔·萨根（Carl Sagan）把科幻小说开山祖师的黄袍加给了天文学家约翰尼斯·开普勒（Johannes Kepler）。他写于 1608 年的《梦游记》（*Somnium*）描述了从月球上看到的地球的样子。（与阿西莫夫和萨根一样，开普勒既是一位科学家，也是一位科幻小说家。）但科幻小说的起源可以追溯到远比开普勒更早的年代。

事实上，我们需要一下子回到公元 2 世纪的叙利亚作家琉善（Lucian）。他的短篇作品《真实的历史》（*A True History*）据说是最早的科幻小说。琉善出生于今日的土耳其境内，在叙利亚度过了大部分的成年时光，他讲的是希腊语，却身处罗马帝国的统治之下。他是一位讽刺作家，文体多变，而且他很喜欢玩儿的一种体裁是散文传奇故事（prose romance），后世称之为“小说”。其实，琉善可能既开创了科幻小说，也开创了幽默对话，后世的作家如奥斯卡·王尔德也会写出很多这种对话。他的另一部作品《盲信者》（*Philopseudes*）为歌德和作曲家保罗·杜卡斯（Paul Dukas）那著名的故事《魔法师的学徒》（*Sorcerer's Apprentice*）提供了源泉。

《真实的历史》本质上是对古代旅行文学的不着边际的戏仿。古时候的旅行家可不会让真相妨碍他讲一个好故事。那时候的旅行笔记中，幻想的地方和不可能的事件常常被作为真实的事记录下来。琉善聪明地反其道而行之，在故事的一开头就承认他的故事完全是编造的。既然他的意图是取笑其他作家那些不实的言论，那么他的想象力就可以信马由缰：在他的故事中，我们遇到了流着葡萄酒的河流，用奶酪做成的岛屿，还有男人睾丸长成的大树——树的形状是个阴茎。

《真实的历史》的故事情节需要的与其说是搁置怀疑，不如说是强大的悬空术。叙述者的船被一阵巨大的旋风从地中海一直吹到了太空（因此我们可以说它成了第一艘太空船）。它最终在月球上着陆了。那里的国王正在和太阳国王开战，争夺金星殖民地。月球军队主要由比基克拉迪群岛（Cyclades）还要巨大的蜘蛛组成。他们在月亮和金星之间织网作为战场，而太阳军队包括了长度超过两百英尺[①]的蚂蚁、巨型蚊子和“天舞者”军团。这个军团的主要武器是巨大的水萝卜。太阳军队把萝卜抛向敌人，让敌人土崩瓦解并且死于恶臭但原理不明的伤口。

如你所料想的那样，关于叙述者如何到达月球这点，琉善有些含糊其词：一股巨大的旋风似乎是唯一的动力来源。但这本书为以后那些更地道的科幻小说埋下了种子，从儒勒·凡尔纳的《从地球到月球》

① 1英尺约为0.304 8米。——译者注

（*From the Earth to the Moon*），到 H. G. 威尔斯（H. G. Wells）的《最先登上月球的人》（*The First Men in the Moon*），以及更多。而且因为它使用了一种幻想的叙述方式来嘲讽当代的文学潮流，所以它也为之后托马斯·莫尔（Thomas More）的《乌托邦》（*Utopia*）和乔纳森·斯威夫特（Jonathan Swift）的《格列佛游记》（*Gulliver's Travels*）开辟了道路。

普林尼的历史（Pliny's History）

当维苏埃火山在公元 79 年喷发的时候，它摧毁了三个意大利居住地。庞贝是众所周知的那一个，但赫库兰尼姆（Herculaneum）和奥普隆蒂斯（Oplontis）两个城镇也被火山吞没了。在死于火山喷发的人之中，有一位是哲学家和博物学者老普林尼。

通常的说法是，普林尼死于维苏埃火山喷发是因为他那炽烈燃烧的好奇心。故事说，他对火山的烟好奇，愚蠢地想要靠近一些看个明白。这个故事听起来不错——好奇的哲学家被自己的好奇害死了——但真相（至少根据普林尼自己的侄子所描述的叔叔的死亡说法）略有不同。在庞贝和赫库兰尼姆被毁灭之后，普林尼航行到了附近的城镇斯塔比亚（Stabiae），为的是救援他的一位密友庞波尼阿努斯（Pomponianus）。到达之后，普林尼发现风向不顺，他们无法迅速离开，于是他就做了当时能做的唯一的事：泡个澡。他们停留的房子快要倒塌了，所以他们不得不逃跑，在满城坠落的岩浆碎片中碰碰运气。就是在这个时候，有哮喘病的普林尼跌倒并死去了。普林尼走向维苏埃火山去看个究竟，还用亚麻布条在头上绑着一个枕头的形象是假的，虽然普林尼和他的船员在去往斯塔比亚的路上确实用枕头来抵挡坠落的岩浆。

不过，恐怕没有比普林尼更有好奇心的罗马作家了，所以我们不难理解为什么他的死亡被神秘化了。盖乌斯·普林尼·塞孔都斯（Gaius Plinius Secundus，世称老普林尼，23—79）被认为写了大约75本书并且记了多达160册的笔记。毫无疑问，他是个工作狂人：他的本职工作是韦帕芗（Vespasian）皇帝的行政官，但他有着热切的好奇心，一种想要详细探究身边一切事物的欲望，从祖母绿宝石（据说能够用来治疗麻风病）到用蜂蜜浸泡的土狼阴茎（很明显被女性用来做性恋物）。他用观察填满了无数的笔记本。但他的书目前只有一本广为人知——《博物志》（*Natural History*）。在这本书中，普林尼为自己设立了一个小目标："阐明全世界所有事物的细节"。他狼吞虎咽般阅读，声称没有一本书糟糕到毫无可取之处。他全心投入《博物志》的写作。当他在维苏埃火山喷发中去世时，这本书已经有37卷了。

使得普林尼的《博物志》对后世的科学和历史著作产生深远影响的是它的结构和视野。它包含了对相关信息原始作者的引用和索引，这对之后的学术出版物而言是个很好的榜样。它也是最早有目录的书之一。目录的想法是普林尼从罗马诗人和文法学者昆塔斯·瓦列利乌斯·索拉努斯（Quintus Valerius Soranus）那里得来的。《博物志》被称为第一部百科全书，但或许更为恰当的做法是把它视为一扇让人眼界大开的——有时是令人目瞪口呆的——透视罗马生活和文化的窗户。

根据普林尼侄子（小普林尼）的说法，《博物志》大部分是在晚上和作者不用处理公务的零散时间写就的。这种写作方式或许可以解释一些怪异的（这是委婉的说法）理论是怎么进入书中的。在某一处，作者确有其事一样地描写了长着狗头的而不是人头的人。他写了压根儿就没有头的人，还写了没有嘴的人，他们通过鼻孔吃饭。他还尽职尽责地描述了只有一条腿的人，他们用仅有的一只脚作为遮阳伞。有时候，普林尼的书读起来不像是《博物志》，更像是《真实的历史》——琉善写的那一本。

书中还写了一些治病的法门，现代的医学从业者会觉得——直言不讳地说——好笑。头痛可以通过把狐狸的“男性器官”绑在前额上“作护身符”而治愈。治疗痔疾要么用新鲜的迷迭香根茎（在相关部分涂抹），要么用一种由战车轮上的铁锈和猪油混合而成的药膏。（把一只洋葱塞入直肠里也非常值得一试。）同时，大蒜能治百病。它能用来治疗从癫痫到风湿、从溃疡到痔疾等几乎一切疾病。普林尼向我们保证，在光头上涂抹老鼠屎能够恢复一头秀发。在 1469 年，《博物志》成为第一批被印刷的古典文本之一。然而历史却没有记载有多少头秀发因普林尼而重生。

最古老的笑话集

这一章快要结束了，来个笑话怎么样？你听过那个白痴、理发师和秃头去野营的故事吗？为了确保睡觉的时候没人拿走他们的东西，他们同意晚上轮流值班，四小时一轮换。理发师值第一班，为了自娱自乐，他拿出剃刀把白痴的头发剃光了。四小时之后，理发师把白痴叫醒，让他接班。白痴发觉自己是个光头，大叫道：“这个理发师真是个白痴。他叫醒的是光头，而不是我！”

这个故事是从现存最古老的笑话集《爱笑人》（*Philogelos*）中选取的。它可能不是第一部笑话集，但在保存到今天的笑话集中，它是最古老的，而且它非常完整。其中的一些笑话今天看来仍然好笑，虽然它们和现代的笑料一样，也不免受到个人趣味的影响。其中一个笑话涉及奴隶商人和顾客之间的对话，这是古典时代对蒙提·派森(Monty Python)的“死鹦鹉”段子的回应。一位不满的顾客去找奴隶商人，抱怨他刚买的奴隶死掉了。奴隶商人感到惊讶，答道：“在我这里他可从来没做过这种事。”这两者之间无疑有些相似，即便只是表面上的那种。但关键的是许多笑话的结构惊人地相似：它们用一两句话简洁地交代背景并抖出包袱，就和许多现代的喜剧一样。

这本笑话集的名字可以粗略地翻译为“爱笑的人”或是“爱开玩笑的人”。它由两位希腊人希拉克勒斯（Hierokles）和菲拉戈瑞斯(Philagrios)在3世纪或4世纪的时候编著。那时希腊已经成为罗马帝国的一部分。这本笑话集包括大约260个短笑话，通常都由某一类人做主角。不少的笑料聚焦在一个傻子或白痴形象上，虽然也有些笑话是关于——或者更具体地来说是在贬损——各种少数族裔群体的。所谓少数族裔，差不多就是幸运的希腊人之外的所有人，包括开马人(Kymaeans，主要以傻著称)、西顿人（Sidonians，他们被认为相当傻)，还有阿夫季拉镇人（Abderites，他们除了傻，似乎还得到了爱生疝气的名声)。

但笑话集《爱笑人》中最上乘的内容和我们的幽默风格非常相似。最好的笑话之一涉及了理发师和顾客之间的对话。被问到想要怎样剪发，客人回答：“安静地。”有一段妙语，讲的是一个花钱特别小气的人。他起草了一份遗嘱，指定自己作为自己财产的继承人。在另一个笑话中，双胞胎中的一位去世了，而一个傻瓜碰到了活着的那个人，问他：“死去的是你还是你兄弟?”还有一些取笑女性的笑话，尤其是妻子。一则笑话讲的是男人向朋友吹嘘“我昨晚是和你老婆睡的”。朋友反击道：“我是她丈夫，我不得不和她睡。但你又何苦这样?”有人说20世纪70年代的许多喜剧演员的笑料并不新鲜，看来的确如此。

显然，《爱笑人》至少证明了古人的幽默感和我们今天也没那么大的区别。他们到底有多搞笑，至今还无定论。据说，一位希腊斯多葛哲人——索利的克律西波斯（Chrysippus of Soli）被自己的笑话（关于一头驴子狼吞虎咽无花果，然后喝酒把它们冲下去的笑话）逗得大笑，结果他直接笑死了。这恐怕只有彼时彼地的人才能理解了。据说艾萨克·牛顿一生里只笑过一次，而那次是有人问他学习欧几里得有什么用。这为“喜剧的元素”（“the elements of comedy”）这个词增加了新内涵。[①]

① 欧几里得的《几何原本》英文名简称“Elements”。在此“elements”一语双关。——译者注

第二章　中世纪

要确定在中世纪的英国谁的图书馆最大可并不是一件容易的事。但一位叫作理查·德·伯里（Richard de Bury）的先生肯定是候选人之一。作为14世纪杜伦的一位主教，德·伯里似乎是一个无可救药的藏书家。他的私人图书馆把其他的主教都比了下去。他的房间里塞满了书，以至于访客经常难以找到落座的地方。难怪他的传记作者塞缪尔·莱恩·博德曼（Samuel Lane Boardman）把他描述为爱书人的保护圣徒。无论你是藏书家（bibliophile）、藏书狂（bibliomaniac）、目录学家（bibliognost）、嗜读者（bibliophagist）还是寻书狂（bibliosmiac），你很可能都会和理查·德·伯里处得来。

德·伯里甚至还写了一本关于他痴迷图书的书：《书之爱》（*Philobiblon*）。它被描述为第一本关于藏书管理的书。在书中他简述了他为什么爱书以及为什么保管书十分重要。他在1345年去世前不久才完成这本书。

如我们在这章中将要看到的，有一些书留存了下来，是因为有合适的人发现了它们，或者把它们从遗忘中拯救出来。中世纪——大约从罗马5世纪的陷落一直到一千年之后文艺复兴的开端——是一个风雨飘摇的时代。生命很廉价，疾病无处不在，而战争是生活的一部分。这位好主教升入天上的图书馆之后三年，黑死病就降临英国，杀死了人口中的三分之一。在一个人们尚且不知能不能活到第二年的时代里，书的保存无疑也会大有问题。但许多书留了下来，本章就要来考察下这些中世纪的文本珍宝。

盎格鲁-撒克逊态度（Anglo-Saxon Attitudes）

虽然今天被视为盎格鲁-撒克逊甚至是英语文学的伟大史诗，但《贝奥武甫》（*Beowulf*）事实上在将近一千年的时间里都不为人所知。

《贝奥武甫》的情节相当简单。大多数人知道这首诗记录了贝奥武甫和一个叫作格伦德尔（Grendel）的怪物战斗的故事。但人们不知道的是贝奥武甫要杀死的不是一个大怪物，而是三个：在他已经料理了格伦德尔之后，死去的怪兽的母亲又出来了，而她对我们的英雄是一个更大的威胁，虽然最终贝奥武甫还是取得了胜利。当贝奥武甫进入暮年，他杀了第三个怪物（这次是一条龙）。这次遭遇让他走向死亡，因为他在战斗中受了致命伤。这首诗以他随后的死亡和海葬而结束。没有人确定这首诗是什么时候写成的，但它是在公元 1000 年左右被写下来的。

虽然它经常被认为是第一部伟大的英语文学作品（而且经常在英国文学课上被讲授），但《贝奥武甫》在许多方面和英格兰关系不大。它是一个关于斯堪的纳维亚人的故事，背景设定在丹麦，由日耳曼人（德国西北部的盎格鲁人）讲述，虽然它是在盎格鲁人和撒克逊人（他们 5 世纪的时候开始定居在不列颠）入侵之后的英格兰写成的。这首诗或许是在英格兰写成的，但“英语”的概念在那时尚未定型，而且这首诗受日耳曼英雄诗歌影响甚深。这种诗歌根植于一种悠久的口头传统，可以追溯到盎格鲁人和撒克逊人到达不列颠之前。虽然没有人确定贝奥武甫的具体故事在写成文字之前是否存在，但既然“英语”

这个词本身就来自日耳曼人（盎格鲁人），最初也是他们把贝奥武甫的想法带到了不列颠，那么或许把它视为最为“英语”的文学作品也是合适的。

然而在1066年诺曼征服之后，《贝奥武甫》似乎从人们视野中消失了。直到1815年，当某个人觉得印刷一版这本书也未尝不可时，它才被从阴影中发掘出来。事实上，我们能有这首诗几乎算得上是一个奇迹。我们现在可以阅读它——无论是用最初的翻译版本还是用谢默斯·希尼（Seamus Heaney）翻译的版本——大部分要归功于两个人，即爱尔兰-丹麦学者G. J. 托克林（G. J. Thorkelin）和另一位叫作罗伯特·科顿爵士（Sir Robert Cotton）的无名的英国国会议员和古董收藏家。

到19世纪的时候，《贝奥武甫》只有一份手稿留存下来，然而它终于被复制流传下来。在那之前，整个世界只存在一个版本，而且它恰好流落到了科顿手中。事实上，我们今天看到的所有盎格鲁-撒克逊诗歌都是从四份手稿里保存下来的：科顿手稿（包括《贝奥武甫》）、埃克塞特图书（Exeter Book）、韦尔切利手抄本（Vercelli Book）和牛津博德利图书馆（Bodleian Library）手稿。

虽然科顿把诗的手稿保存了下来，但世人并没有立刻对《贝奥武甫》重视起来。相反，在科顿去世之后，手稿就像诗中的贝奥武甫一样颠沛流离：它幸免于17世纪40年代的内战（这主要归功于一位继承了科顿职责的古文物收藏家），却没能逃脱在1731年受到严重损毁的命运——科顿的其他收藏品也是如此。

《贝奥武甫》幸存到了19世纪早期托克林登场之时，书页虽然折了角，但还完整无损。托克林从大英博物馆雇了人，用科顿的手稿制作了一份诗的副本。接着，他开始准备把诗翻译成现代语言——这是许多翻译版本中的第一个。但 1807 年的哥本哈根战役摧毁了他的工作。在这次冲突中，这位学者的房子被烧毁了，用了 20 来年翻译的 3 182 行诗也被毁了。

然而，托克林设法从房子的废墟中把原诗的抄本抢了出来，并且重新开始翻译。1815 年，他的译本终于出版。这次出版恰逢其时：在接下来的几十年里，科顿的诗歌手稿将会逐步解体，以至于许多文字最终不可辨识。所以事实上，我们要感谢托克林和他的译本，他让我们能读到完整无损的《贝奥武甫》。

1825 年，在托克林发表他的译本十年之后，第一门古英语大学课程在弗吉尼亚大学设立了。将近一百年后，牛津大学和剑桥大学引入了英语文学课。那时《贝奥武甫》成了这门课程最先讲述的内容：在牛津大学，多年讲授这首诗的人正是 J. R. R. 托尔金（J. R. R. Tolkien）。如今，离开了《贝奥武甫》，我们很难想象英语文学的故事会是怎样，但这首诗得到了应有的重视只是最近一两个世纪的事。而且这一切都归功于一位好奇的国会议员和一位持之以恒的学者。

梅林（Merlin）登场

亚瑟王（King Arthur）的故事发生在和《贝奥武甫》相近的年代。事实上，许多语言学家认为亚瑟和贝奥武甫这两个名字的起源都和熊有关，表现了它们可怕的力量和不屈的勇气（虽然这两种理论也都有争议）。两者主要的区别是，亚瑟对抗的是盎格鲁-撒克逊人，也就是那些把贝奥武甫的故事带来不列颠的人。亚瑟是一位撒克逊族到来之前的人物，他是不列颠人（Britons）或是原住民的国王，他保卫自己的国土，防止日耳曼部落的入侵。

至少自 9 世纪以来，亚瑟的故事就被作家们不断重复着。结果是，这个传奇周围围绕着一些奇怪和不连贯的想法。大多数人都知道“石中剑”的故事。1938 年 T. H. 怀特（T. H. White）令人难忘地讲述了或者说复述了这个故事。之后迪士尼又把它拍成电影，展现了亚瑟从石头里拔出神剑埃克斯卡利伯（Excalibur）的样子——只有真正的国王才能拔出这把剑。（这个故事也许是从真实的铸剑过程中化用而来的。铸剑用的是石头模具。在金属定型之后，需要从模具中把剑拿出来。）但在故事的大多数版本中，从石头中拔出的剑并不是埃克斯卡利伯。亚瑟在成为国王之后，才从湖上夫人（Lady of the Lake）那里得到埃克斯卡利伯。在故事的一些版本中，从石头中拔出剑的是加拉哈特（Galahad）。在另一些版本中，从湖上夫人处得剑的不是亚瑟，而是贝德维尔（Bedivere）。在最早的冒险故事中，是亚瑟的侄子高文（Gawain）有一把剑叫作埃克斯卡利伯。故事里出现这些矛盾是因为亚瑟王的故事不是由一位作者写成的，而是经过了众人之笔。所以这个传奇故事没有权威版本。我们对于亚瑟王传奇的想法是许多神话、故事和改写混合而成的。

然而，如果说有一位作家让国际读者认识了亚瑟，那就是 12 世纪的威尔士教士蒙默思的杰弗里（Geoffrey of Monmouth）。他的著作《英国帝王史》（*Historia Regum Britanniae*）是对后来的亚瑟故事影响最大的著作。在印刷书籍出现之前的世界里，杰弗里的《英国帝王史》算是中世纪畅销书。我们知道《贝奥武甫》只有一份被烧焦的手稿传世，而杰弗里的《英国帝王史》却有超过 200 份从中世纪留存下来。在杰弗里写作时，历史和虚构的界限绝不容易分清，因此我们很难分辨他的这本书里有多少是基于事实，有多少是事后的虚构——不论是来自他自己还是来自别人。

> 19 世纪的法国学者加斯顿·帕里斯（Gaston Paris）认为杰弗里把威尔士的默丁（Myrddin）改成了梅林（Merlin），为的是避免和拉丁文 merda 这个词谐音——它是粪便的意思。

杰弗里描写这位传奇国王时，亚瑟传奇中许多经典人物才初次登场，其中也包括了巫师梅林。书中也有一些奇怪的想法，比如认为梅林用魔法从爱尔兰挪来巨石，建造了巨石阵。对于巨石阵，此后人们还是困惑了一段时间：17 世纪的建筑师伊尼戈·琼斯（Inigo Jones）认为它是一座罗马纪念碑。好像这些还不足以让杰弗里的《英国帝王史》成为文化遗产似的，这本书还是莎士比亚两部戏剧（《李尔王》和《辛白林》）的源头（虽然是间接的）。

蒙默思的杰弗里在推广亚瑟神话方面有他自己的打算，但他的打算到底是什么，可让评论家们吵个不休。他很可能暗示了，诺曼人在黑斯廷斯战役中的到来，终止了撒克逊人和亚瑟等不列颠人之间的纷争，但如果是这样的话，事情就变得有点儿讽刺了，因为杰弗里自己在写这个故事时，诺曼王斯蒂芬和他的表亲玛蒂尔达皇后正在内战中杀得腥风血雨。可以肯定的是，后来的作者也重写了亚瑟王的故事，以反映他们自己的时代。亚西西的方济各（Francis of Assisi）指出，亚瑟和其他中世纪的代表人物诸如查理曼（Charlemagne）和罗兰（Roland）一样，都是基督徒殉难者，他们准备为捍卫对基督的信仰而战死。亚瑟传说在整个中世纪有很多不同版本，比如诺曼作家韦斯（Wace，发音为 wassy）的版本中加入了圆桌，法国作家克雷蒂安·德·特鲁瓦（Chrétien de Troyes）在 12 世纪后期的诗增加了兰斯洛特与亚瑟的妻子格温娜维尔（Guinevere）之间的偷情故事。《头韵体亚瑟王之死》（*Alliterative Morte Arthure*）用中古英语写于大约1400年，而这些版本中最持久的是托马斯·马洛礼爵士（Sir Thomas Malory）的散文体《亚瑟王之死》（*Le Morte d'Arthur*）。

马可·波罗之前

在他的《游记》的序言中，意大利威尼斯探险家马可·波罗声称他游历广阔，胜于所有前人。了不起的是，他可能没有夸张。但是和人们普遍认为的那样不同，他并不是第一个游历到远东并写下游记的欧洲人。这个荣誉归于马可·波罗的一位意大利同胞，马可·波罗甚至在他去世后两年才出生，他的名字叫Giovanni da Pian del Carpine，在英文中常叫作John of Plano Carpini，即若望·柏朗嘉宾（又译普兰·迦儿宾）。

柏朗嘉宾是方济各会传教士，是更为著名的亚西西的方济各的弟子。开始远东之旅的时候，柏朗嘉宾已经是一位老人，而且据说相当肥胖。在远东，他被允许觐见大汗贵由（Kuyuk）（成吉思汗的孙子）。他在那里到底做些什么？人们猜测不已。他书中展示了对蒙古人军事战略的浓厚兴趣，所以他可能是在执行间谍任务。但他也给了我们对蒙古人的婚姻、饮食、服饰、法律和风俗等等方面的宝贵见解。他在13世纪40年代后期写下了旅行报告。作为头一个向欧洲基督徒们揭示蒙古世界的人，他在人生的最后几年成了名人。

还要等上50年，马可·波罗才会撰写他的旅行记。而且，马可·波罗访问的是一个衰落的帝国，而柏朗嘉宾访问的时候，蒙古国力仍然强盛。柏朗嘉宾的描述看起来像是真的，而马可·波罗的游记并不总是如此。（马可·波罗把犀牛当作了独角兽，还想入非非地把自己置身于一些战争和重要事件当中。但是几乎可以肯定的是，他当时并不在场。）1995 年，吴芳思（Frances Wood）甚至写了一本名为《马可·波罗到过中国吗?》（*Did Marco Polo Go to China*?）的书。她的答案是："没有。"吴芳思甚至怀疑马可·波罗是否越过了黑海。然而其他学者则认为，虽然他的一些说法无疑夸张了，但是马可·波罗却是从"契丹"（Cathay）的第一手经验来讲的——"契丹"是当时西方对中国的称谓。

不能否认的是，马可·波罗所享有的庞大人气和他的《游记》的影响。马可·波罗的书约在 1300 年由他向狱友口授，记录了他在中东和远东的旅行，从亚美尼亚到印度尼西亚，以及两者之间几乎所有的地方——至少看起来是这样。他告诉我们他与伟人（最有名的是忽必烈汗，成吉思汗的孙子）和不那么好的人之间的交往，甚至还讲了他在伊朗沙漠喝绿色的苦咸水而引发的腹泻。（他用过来人的口吻告诉我们，一滴那玩意儿就能让肠子清空十遍。）《游记》还为西方带来了很多不可缺少的新发明：纸币和眼镜传入欧洲都要归功于马可·波罗的书。哥伦布在 1492 年那场著名的航行中也带着这本书。

但值得注意的是，在马可·波罗之前，柏朗嘉宾就已经到过那里了。"写了第一本关于远东的畅销书的西方人"的荣誉应该归于他。

胀气的恶魔

诗人但丁·阿利吉耶里（Dante Alighieri）是马可·波罗的同代人，虽然很难想象他们两人聚在一起是什么样子。但丁的旅行在地理距离上没有那么雄心勃勃，但在神学上远比马可·波罗的旅行更为深入。他因为一首关于天堂、地狱、诅咒、炼狱和救赎的史诗《神曲》（*The Divine Comedy*）而为人所知，不过这个书名在但丁的有生之年并没有人听说过。这本书并没有被但丁本人命名为《神曲》，他把它简单地称为《喜剧》（*Commedia*）。他的意大利老乡诗人薄伽丘把它称为《神圣》（*Divina*），直到1555年，成书250年之后，它才有了《神曲》（*Divina Commedia*）的名字。

它叫作喜剧不是因为它很好笑——想要捧腹大笑的读者会失望地离去——而是因为它不是用高级拉丁文写成的悲剧。相反，它讲的是从地狱到天堂的旅程，比一般的悲剧更为乐观一些，而且它用当时的意大利本地话写成。但丁的旅途始于1300年的“耶稣受难日”（大约与此同时，马可·波罗正忙着在监狱里口述他的《游记》）。《圣经》中说“我们一生的年日是70岁”，但丁当年35岁，正好是70岁的一半。它可以被看作最初的幻想三部曲，描绘了诗人从地狱到炼狱再到天堂（Paradiso）的旅程。它无疑是用意大利语而非拉丁语写下的意大利文学名著。

T. S. 艾略特深受但丁影响。在谈论但丁的作品时，他说真正的诗歌即便没有被充分理解，也能传达信息。尽管如此，如今但丁的名气虽大，热心的读者却没有那么多。伏尔泰曾在1764年写过但丁：“他的名声会越来越高，因为没有人读他。”那些尝试读他的人可能会被不熟悉和重复的三行诗节押韵法（terza rima）挫败，也可能被诗中引用的意大利中世纪历史人物绕晕——如今这些人对我们已经没有意义了。（一个值得注意的例外是蒙太古和凯普莱特。他们看起来像是莎士比亚《罗密欧与朱丽叶》中敌对家族的历史依据。）

而且神学作为诗歌的主题也不像当初那样激动人心了。但是，如果认为但丁的诗满是抽象的宗教教义和对罪与赎罪的模糊说法，那就大错特错了。它出人意料地直观，常常还是直白的，它既关注身体，也关注灵魂。在她的著作《论放屁：中世纪的语言和笑声》中，瓦莱丽·艾伦（Valerie Allen）讨论了但丁的宗教史诗中"屁声大震"的时刻。一处是恶魔马拉可达（Malacoda）帮助但丁和他那值得信赖的向导罗马诗人维吉尔与地狱中各个圈子谈判，他把屁股当喇叭，对着他的魔鬼同胞们放屁。另一处，但丁描述了罪人们在一个巨大的充满食物、秽物和屁的下水道中被烹煮。还有更多。在"地狱"某处，诗人看到许多受到折磨的受苦者被厕所中的腹泻物覆盖，好像地狱变成了一个巨大的公共厕所。

这些污秽的描写并不是在取乐——如《萨蒂里卡》中那样。但丁写《神曲》的目的有一部分是政治性的：当时，佛罗伦萨城已经被一个叫作"黑人"（Blacks）的帮派接管了，他们是但丁的政治敌人——但丁本人属于相反的一派"白人"（Whites）。白人反对教皇的控制，争取佛罗伦萨有更大程度的自治，而黑人给了教皇在城邦内更多的权力。但丁是白人帮中的骨干，所以被黑人以死亡的威胁从佛罗伦萨驱逐了出去。他被告知，如果他再次在城里被人看见，他就将被烧死。

有传闻说，但丁在吃饭或阅读的时候，教他的猫用爪子为他举着蜡烛。

关于这首诗，最有名的可能是但丁描述的地狱中的各种层级和年轻的女孩贝雅特丽齐（Beatrice）。尽管但丁只见过她两次，却对之一往情深。对现代人来说，但丁对贝雅特丽齐的仰慕或许有些奇怪，但是但丁第一次看到贝雅特丽齐时自己不过是个孩子，他将她视为纯洁和美德的典范，几乎敬畏她为地球上的女神。当贝雅特丽齐于1290年在 20 多岁去世时，但丁写了他的第一部重要著作——一部诗歌和散文的混合体著作，叫作《新生活》（*La Vita Nuova*）。这部著作是为了向她致敬。在《神曲》的最后一部分，是贝雅特丽齐向但丁揭示了天上的世界。至于地狱，它总共有九层，其中很多以七宗罪中的某个为重点。在与背叛有关的第九层里，撒旦坐在地狱的正中，冰没过他的腰部（但丁想象的地狱中并不只有火和硫黄）。他变换着三个面孔——一个黑色，一个血红，一个淡黄。看来对于魔鬼，两面派还不算奸诈。

但丁的意大利同乡作家薄伽丘记录道，但丁的母亲怀孕时，她梦见但丁成了一只孔雀。事实上，最终但丁只是成了意大利后古典时期第一位伟大的诗人。这虽然没有变身为孔雀那样绚烂，不过也是响当当的成就。

乔叟的天文学

在 14 世纪 70 年代早期，年轻的杰弗雷·乔叟前往意大利执行爱德华三世国王的外交使命。在意大利的时候，他找时间去熟悉了那些意大利文学黄金时代的成果：彼特拉克的十四行诗，薄伽丘的作品（《十日谈》讲的是一群人讲故事，这为乔叟的《坎特伯雷故事集》提供了模型），当然还有但丁。

就像但丁一样，乔叟除了那本让他出名的书之外，还写了许多其他书。除了《坎特伯雷故事集》（*The Canterbury Tales*），还有《特罗伊拉斯和克莱西得》（*Troilus and Criseyde*）——讲的是特洛伊战争中命途多舛的恋人的故事，以及《ABC》——他最早的作品之一，人们用于祷告的离合诗。就像乔叟的许多作品一样，《ABC》是法国作品的古英语翻译。这首诗是吉约姆·德·迪居勒维尔（Guillaume de Deguileville）所写的一个祈祷。26 个八行诗节中，每个都以连续的字母开头。这首诗大概写于 14 世纪 70 年代，表现出乔叟在作家生涯早期的技巧。乔叟 1343 年左右出生在伦敦——确切日期不得而知。顺便说一句，他的姓氏来自法国的“鞋匠”一词（chausseur）。

乔叟还写了一本早期的科普著作：《星盘论》（*Treatise on the Astrolabe*）。他的《星盘论》可能是第一本用英文写的科学著作，大约写于 1391 年。这也是第一本为儿童写的英文书之一：它写给乔叟自己的儿子刘易斯（Lewis）。

一个星盘（从字面上看，星盘是星星获取者的意思）是有多种用途的天文仪器，但主要是计算恒星相对于地球上星盘使用者所在纬度的位置。作为科学仪器，它后来会被六分仪取代。在这里，我们进入了占星术和天文学界限模糊的领域：星盘的部分目的是确定星座的运动，以便人们绘制星星和行星的轨道和位置，进而从中发现神秘的意义。但它也是一个有用的测量天文历法的设备——从某种意义上说，就是绘制空间和时间。乔叟的书基本上是一本说明手册，指导读者如何使用该设备并解释其用途。这是一部科普著作，因为乔叟不是天文学专家，而是一个投入的业余爱好者，喜欢对这个设备敲敲打打，并且鼓励他的儿子也这样做。

乔叟去世于 1400 年。威斯敏斯特教堂中，他坟墓上写的去世日期是 10 月 25 日。他成为第一个被埋葬在诗人角的人，不过，让他在教堂赢得一席之地的是他的官场表现，而非诗歌成就。

中世纪食谱

我们要为几件事情感谢理查二世（Richard Ⅱ）。除了向莎士比亚提供题材，让莎翁写了其最优秀的早期历史剧，他还因为将手帕引入英国而受到称赞。他更因为年仅 14 岁就镇压了农民反抗运动（Peasants' Revolt）而知名。

但我们还有另一件事要感谢理查二世——虽然从许多方面来说，他都是一位相当不招人喜欢的国王。这件事就是：用英文写成的第一本食谱是为他而编制的。大约在 1390 年，一位匿名作者编纂了《烹调方法》（*The Forme of Cury*）一书。它包含近 200 种食物做法，包括一种早期的乳蛋饼（当时称为“蛋羹”）和一种叫作“blank mang”的甜点的做法，后者是用牛奶、大米、杏仁、糖和——呃——肉片做成的。它听起来似乎不怎么好吃，但在当时却颇受欢迎。不知是好是坏，后来它演变成了牛奶冻（blancmange）。

《烹调方法》中的许多食材——尤其是香料——在英文记录中都是首次出现。丁香沙和肉豆蔻在这里首次出现在英式饮食中，而无数其他罕见的香料，比如生姜、胡椒粉和豆蔻都出现在了食谱中。也许令人惊讶的是，芥末酱在整本书中只出现了一次，名字叫作“芥末球”（mustard balls），而它可是英格兰本地原生的唯一香料。

《烹调方法》包含了三种意大利面的最初的英文食谱：意大利饺（ravioli）、千层面（lasagne）和奶酪通心面（macaroni cheese）。

《烹调方法》也是第一本提到橄榄油的英文书。它列出了早期的沙拉配方：香菜、鼠尾草、迷迭香、大蒜、薄荷、青葱、洋葱、茴香、其他草药和蔬菜等，所有食材都切碎，用油、醋和盐一起调拌（实际上，“沙拉”这个词来源于拉丁文的“腌制”）。

《烹调方法》中的许多食谱没有延续下来。但这本书确实有一个持久的影响。“Cury”这个词在中古英语中是“烹调”的意思。它将继续被在远东地区旅行的英国商人使用，并且最终会被用来描述亚洲饮食中的辣酱——至少有一种理论是这样说的。许多语言历史学家认为，这就是“咖喱”（curry）一词的来源。

一个女人的启示

1373年5月8日，一个30多岁的女人得重病，几乎死掉。她陷入精神混乱状态，看到了一系列幻象——她自己称之为“展示”（shewings）。她认为这是来自神的启示。她是诺维奇的朱利安（Julian of Norwich）——实际上，这很可能不是她的名字。几乎可以肯定，朱利安不是她的真名，而是她教区的教堂的名字。但她会以这个名字而闻名，而且她会成为中世纪英格兰的名人。她在14世纪90年代写下了她的幻象。那正是理查二世在位之时，他要么在吃牛奶冻或者奶酪通心粉，要么在忙着给自己的宠臣送礼物并从人民手里夺取土地，让他的贵族们不得安宁。

在这本勾勒狂热幻象的书中，朱利安称自己是“未受教育的”，而这被认为是假谦虚（显然，她需要很有天赋才能写这样一本书），但这本书也指出她没有接受过当时通常保留给特权男子的那种完整的教育。正是由于这个原因，朱利安写下她的幻象用的不是拉丁语——当时写这类书的通用语言，而是用了英语。《圣爱启示》（*Revelations of Divine Love*）因此成为女人写的第一本英文书。她缺乏正规教育，反而丰富了英语。

这位“朱利安”用她那个时代的中古英语描述并探索了16个幻象，这些幻象让她离开社会，成为隐士，归隐在诺维奇教堂的一个女修道院里。《圣爱启示》中的很多内容对于非宗教人士而言似乎是不可理解的，她关于这些幻象的神学沉思也艰深难懂。这只是神志不清吗？还是神圣的交流？大多数的幻象都出现了耶稣基督，尤其是他的受难和复活。然而，有一些令人难忘的情境描绘的只是简单的时刻：在一处，基督来到她面前，向她展示了一个榛子，里面含有“一切受造的”(all that is made)。

但对于大多数现代读者而言，她的书最引人注目之处不是她所写的内容，而是她写作的方式。因为她是一个女人，她不能使用专属于僧侣和神学专家的拉丁文。但是，这对于她和她的书来说是一件好事。这是一本民主的书，一本关于普通英国人的书，用他们自己的语言反映他们的基督教经验。(这有点儿讽刺，因为朱利安把自己和其他人隔离开来。)

《圣爱启示》中最著名的一句话是：“罪恶是必要的，但一切都会好的，一切都会好的，一切事物都会好起来。”这是《圣爱启示》的真实信息。鉴于朱利安见证了黑死病来到英格兰，杀死了大约三分之一的人口，而且见证了内乱（其中之一是 1381 年的农民反抗），可以说这是对一段动荡的英格兰历史的及时抚慰。无怪乎，T. S. 艾略特在 1942 年第二次世界大战之中完成他的《四个四重奏》时，会选择在他关于战争和拯救的诗《小吉丁》（*Little Gidding*）中暗自向朱利安的“一切都会好的”致敬。

第一本自传

1934 年，一个名叫威廉·艾德斯维克（William Erdeswick）的人有一个惊人的发现。这是大多数文学学者梦寐以求的那种发现，但是艾德斯维克是一位中校而不是教授。在他切斯特菲尔德的家里柜子中，他发现了一份手稿副本——人们本以为它已经失传五百年了。这本书唯一幸存的副本于 15 世纪 30 年代首次被抄录，后来人们才意识到，这是第一部用英文写成的自传作品。

这本书的作者玛格丽·肯普（Margery Kempe）是一位中世纪的朝圣者和神秘主义者。就像几十年前诺维奇的朱利安一样，她经历了生动而强大的神圣幻象。在她生命的最后几年，《圣爱启示》的作者甚至还在诺维奇的居室里接待了中年的肯普。

虽然这本书经常被称为第一本英文自传，但肯普用第三人称讲"她的"故事，用"这个人"来指代这本书的女主角——这可称不上有多少个人风格。最好不要把《玛格丽·肯普之书》（*The Book of Margery Kempe*）看作个人回忆录，而应视为对那个年代许多女基督徒典型生活的描述。尽管如此，这本书的大部分内容都生动清晰，因此个人经验碎片就有了普遍性。

但她的书有相当一部分似乎讲的是她试图说服她的丈夫不要对她动手动脚。玛格丽希望自己是贞洁的，因为她确信这是主对她的期望，而她的丈夫有不同的想法，并强迫她让他享受做丈夫的权利，书的前面部分几乎每一页上写的都是这个。不出所料，她最终为他生了 14 个孩子。在第一个孩子出生后，她得了病，并因此看到了宗教幻象，正是这些幻象让她把自己的生命奉献给上帝。不幸的是，她的做法在当时被认为是有争议的：她被指控为异端，并被威胁将她烧死在火刑柱上。与之前的诺维奇的朱利安不同，玛格丽是个妻子和母亲，而人们认为中世纪的母亲根本不应该做玛格丽做的那些事。事实上，没有人应该做那些事。无论走到哪里，她都引人侧目，她在教会仪式中全程大声哭泣，并做出奇怪的赎罪行为。在某次朝圣归来的路上——她去了耶路撒冷和罗马，还去了其他圣地——她把所有的钱都交给了穷人，自己沦为乞丐，这引起了当局的警惕。显然，紧紧跟随基督的引导，是可以做到的。

她的自传（如果我们这样看待她的书）是在她漫长缤纷生活的晚年口述而成的。不像朱利安，玛格丽没有写下她的叙述，而是口授别人来写。《玛格丽·肯普之书》在15世纪30年代被一个不明身份的写手抄录。这本书的摘录版由名声堂皇的早期英国出版商温金·德·沃德（Wynkyn de Worde）于1501年出版。但书的大部分都在数百年间湮没无闻，直到艾德斯维克做出他那非凡的发现。现在我们可以读到完整版了。无论我们把它看作有力的宗教文学，还是看作一个中世纪女子的生活记录，手稿出现在艾德斯维克的橱柜里都是一件好事。

巴恩斯代尔的罗宾汉（Robin of Barnsdale）

罗宾汉（Robin Hood）首次出现在14世纪晚期诗歌《农夫皮尔斯》（*Piers Plowman*）之中。诗的作者公认是杰弗雷·乔叟的同代人威廉·朗兰（William Langland）。

不法之徒选择了一个恰当的时机进入文学的历史：我们今日所知的英国文学正在形成，而农民反抗发生在1381年，那是罗宾汉登上文学舞台后不久。这次反抗的领导者之一牧师约翰·鲍尔（John Ball），甚至还引用了朗兰的诗。那时，英格兰的社会秩序受到了挑战，封建制度迅速衰落。详述罗宾汉冒险的文学作品中，留存至今最古老的是匿名作者的15世纪民谣《罗宾汉的故事》（*A Gest of Robyn Hode*）。大约50年后，早期的出版商温金·德·沃德帮忙把一些罗宾汉故事印刷出来，至此，罗宾汉真正成为英国文学景观的一部分。

> 罗宾汉的伙伴塔克修士（Friar Tuck）是15世纪英格兰的一个真实人物，原名叫罗伯特·斯塔福德（Robert Stafford）。

但是罗宾汉故事发生的确切位置是哪里？如果这个勇敢的盗贼住在诺丁汉郡，那么为什么唐克斯特（Doncaster）和谢菲尔德（Sheffield）的机场以罗宾汉的名字命名呢？有几个原因。首先，最早的罗宾汉故事发生在约克郡，而不是诺丁汉郡。罗宾汉最初的老家是巴恩斯代尔森林（Barnsdale Forest），而不是舍伍德（Sherwood）（不管怎样，如今舍伍德森林剩下的部分都是在约克郡，而不是诺丁汉郡）。例如，《罗宾汉的故事》是我们所熟悉的罗宾汉故事中许多特征和人物的来源，比如小约翰（Little John）、威尔·史考利（Will Scarlet）和磨坊主的儿子（Much the Miller's Son）都第一次出现在这首匿名民谣中。但是它根本没有提到舍伍德森林。在一些罗宾汉的故事中，罗宾汉的斗篷是猩红色的，例如在19世纪的一首诗中，罗宾汉穿的是猩红色，而他的手下穿的是著名的林肯绿。

说起诺丁汉，顺便说一下，它的名字来自撒克逊人的定居点斯诺丁汉（Snotingaham），它的位置就是如今的诺丁汉城。斯诺特（Snot）是在那里定居的撒克逊首领，后来他名字中的第一个字母“S”不知在何处丢掉了。

在最初的《罗宾汉的故事》中，罗宾汉的国王并不是远去参加十字军的狮心王理查（在位时间1189年至1199年）。《罗宾汉的故事》中提到了“国王爱德华”，不是理查或者约翰。这推迟了罗宾汉故事在英国历史上的发生时间，至少要到1272年爱德华一世登基之后。

认为罗宾汉是贵族歹徒洛克斯利的罗宾（Robin of Locksley）的想

法是最近才出现的：它源于沃尔特·司各特爵士（Sir Walter Scott）著名的中世纪浪漫故事《艾凡赫》（*Ivanhoe*，1820）。这部小说被认为向后代的作家和艺术家们普及了中世纪历史，其中包括丁尼生和拉斐尔前派的人。最近，司各特的小说为1991年凯文·科斯特纳主演的大片《侠盗王子罗宾汉》（*Robin Hood*：*Prince of Thieves*）提供了罗宾汉的人物素材（他在整部电影中都被称作“洛克斯利的罗宾”）。顺便说一句，洛克斯利为我们提供了另一个佐证，证明罗宾汉和约克郡的联系。[因为洛克斯利（“Loxley”）这个词是南约克郡谢菲尔德市一个村庄和郊区的名字。] 很多人批评科斯特纳大模大样地用美国口音扮演罗宾汉，但英国演员艾伦·瑞克曼（Alan Rickman）似乎曾经说过，和现代英语相比，美国口音更接近12世纪的盎格鲁-撒克逊语言。

第三章　文艺复兴

对于文学史家斯蒂芬·格林布拉特（Stephen Greenblatt）来说，开启了文艺复兴的是一本书。在《大转向：文艺复兴如何开始》（*The Swerve：How the Renaissance Began*）中，格林布拉特认为，意大利图书管理员在15世纪重新发现了一个几乎被遗忘的古典文本卢克莱修（Lucretius）的诗歌《自然的本质》（*De Rerum Natura*），这进而引发了人们对某些宇宙理论的新兴趣。这些理论长期以来被人遗弃，比如，世俗事件是由机会而不是上帝的意志支配的，而一切事物从根本上都是由原子组成的。诚然，卢克莱修也相信，蠕虫是自己从湿润的土壤中长出来的，而地下洞穴里的风是地震的原因，但是在原子物理的问题上，他却惊人地正确。

格林布拉特认为，对卢克莱修诗歌的重新发现导致了人们远离基督教的苦行生活，转而关注俗世及其提供的享受。（卢克莱修是伊壁鸠鲁的信徒。后者宣扬负责任地追求快乐。）但是或许事情没有那样简单。罗伯特·道格拉斯-费尔赫斯特（Robert Douglas-Fairhurst）认为真正启动了文艺复兴的并不是某本书，而是现代书籍的发明这件事本身。

毫无疑问，约翰内斯·古腾堡（Johannes Gutenberg）于15世纪中叶发明的现代活字印刷术使得印刷书籍成为可能，使欧洲乃至整个西方世界的思想更容易自由地交换。突然之间，你不需要十几二十位僧侣，缓慢辛劳地在寺院的缮写室里抄写《圣经》——作坊中的一台印刷机就可以生产数百本，而且成本更低。

最终，单单就此而言，活字印刷术使那些除了听神父在弥撒仪式上用拉丁文朗诵《圣经》之外永远不可能接触《圣经》的人，能够直接地、仔细地审查上帝的话语。这与其他因素一起，最终将带来基督教改革（Christian Reformation）。天主教因此失去了作为西方世界大部分地区唯一一种基督教的地位。事实上，天主教失去其垄断地位已经有些时候了：在英国，罗拉德派（the Lollards）追随约翰·威克里夫（John Wycliffe）的领导，自 14 世纪以来一直保持活跃。他们反对罗马天主教的许多方面，主张恢复更为简单的礼拜形式。（威克里夫几乎和乔叟是同代人，并且把《圣经》的大部分翻译成了英文。英国作家在 14 世纪的创造力爆发还有更多证据。）

但是罗拉德派仍然是一个相对较小的群体。（罗拉德这个词来自荷兰语“咕咕哝哝”，因为这一派的人在读《圣经》的时候习惯咕哝。）是 16 世纪新教的到来真正对天主教造成了挑战。事情的发端就是德国修道士马丁·路德（Martin Luther）把他的《九十五条论纲》钉在了威滕伯格（Wittenberg）教堂门口。20 年后，英格兰紧随其后，亨利八世宣布自己才是英格兰教会的领袖。他——而不是教皇——才是他的国家的宗教领袖。当然，亨利八世更多是出于政治动机，他想和他的第一任妻子凯瑟琳（Catherine of Aragon）离婚，但教皇拒绝批准。路德在欧洲掀起的剧变和亨利八世在英格兰所引起的剧变将对人们的生活方式产生深远的影响，正如我们在本章中将看到的那样，人们所写的书也会发生变化。

理论上，世界上最昂贵的书价值 1.35 亿欧元，而且只有 13 页。我说“理论上”，是因为还没有人觉得它真的物有所值。这本书叫作

《任务》（*The Task*），是自称有史以来最伟大的哲学家的托马斯·亚历山大·哈特曼（Tomas Alexander Hartmann）所作的短篇作品。哈特曼向我们保证，他的巨著将只有一份。所以要知道一些世界上最大的问题的答案，你需要有个很大的钱包。就目前来看，一本书曾经卖出的最高价钱，其实只有不到 3 100 万美元。比尔·盖茨（Bill Gates）购买了 Codex Leicester，也就是莱昂纳多·达·芬奇（Leonardo da Vinci）的笔记本。很少有人能比达·芬奇更好地代表文艺复兴时期，但本章关注的更多是更为日常的著作。它们的主题包括从身体功能到都铎王朝的人对猫的态度。这些著作不会花掉你 3 100 万美元，但它们在某种意义上是非常有价值的作品。

高康大

只有某一类作家才能获得以他们的名字命名的形容词，比如莎士比亚式的（Shakespearean）、狄更斯式的（Dickensian）、奥威尔式的（Orwellian）。如果你想要分类甚至定义某种风格或主题，那么这些词会帮得上忙。例如“拉伯雷式的”（Rabelaisian）这个词。它指的是与法国作家拉伯雷（Rabelais，约 1494—1553）的作品有关的。《牛津英语词典》将其描述为：“以其粗俗的幽默、对中世纪的学问和文学的戏仿和对人文价值的肯定而著称；粗俗，粗鄙。”这个时期没有其他作家像拉伯雷那样粗俗、粗鄙。

事实上，《巨人传》（*Gargantua and Pantagruel*）的作者拉伯雷，给了我们两个流行的形容词，因为他的一个文学人物甚至激发了一个表示巨大的词：高康大（gargantuan）。高康大出名实际上早于拉伯雷。（他首先出现在匿名出版的书《高康大传奇》之中。那时拉伯雷还是个男孩。）庞大固埃（Pantagruel）这个名字也是如此。它曾是坑害酒鬼的小魔鬼的名字，那时叫作 Penthagruel。但拉伯雷把这些名字拿来，并加上了属于自己的不可磨灭的印记。

> 拉伯雷还为我们创造了一个不那么有名的词 panurgic，表示一个对任何事都有所准备的人。这是从庞大固埃的伙伴巴汝奇（Panurge）而来的。

《巨人传》是人们熟知的整本书的名字，但它实际上是一个巨大的四部曲，包括《庞大固埃》（*Pantagruel*）（1532）、《高康大》（*Gargantua*）（1534）、标题不太具有原创性的《第三本书》（*Third Book*）（1546）和《第四本书》（*Fourth Book*）（1549；1552 年增订）。这四部曲代表了拉伯雷的文学成就。（虽然还有第五部，但作者是否是拉伯雷比较可疑。）

粗鄙——主要是脑袋和屁的插科打诨——是拉伯雷式喜剧的大部分构成。书中关于护阴甲（16 世纪男性保护下体的服饰）的论述滔滔不绝。当高康大解手的时候，拉伯雷说巴黎一百万人中的四分之一被他的尿淹了。而庞大固埃呢，仅仅通过放一个巨大的屁就可以从他的肛门中产生 53 000 个矮人。此外，葡萄酒也几乎洒在了书中每一页上，正如高康大（词源来自“漱口”和“喉咙”）和庞大固埃（“全都口渴”）这两个名字所暗示的那样。

伏尔泰斥责拉伯雷是个在喝醉的时候写作的醉汉；巴尔扎克认为他拥有“最伟大的思想”。谁是对的？或者他们都是对的？拉伯雷一直被认为是一个伟大的幽默家、理性主义者、寓言作家，甚至是一个伟大的宗教作家。但是，伏尔泰使之流行起来的那个爱葡萄酒的法国人的形象——一手拿杯，一手拿羽毛笔的形象——流传了下来。这或许已经让拉伯雷作品背后的严肃性被掩盖了。当然，拉伯雷无疑是同人民打成一片的——一个真正受欢迎的作家。但在关于屁的插科打诨和性双关语之下，还有一个严肃的意图：揭露虚伪。他的日常职业是医生和神父。前者给了他详细的解剖知识（这些化成了他作品中的许多身体笑料），后者让他看到了道德责任和公平的重要性，但也让他看到了许多人类同胞的虚伪本性。高康大是文学史上最早的前传之一。这是拉伯雷的第二本书，但时代背景设定在第一本书之前。在这本书中，我们遇到了德而美修道院（Abbaye de Théléme），这是一个“反修道院”。它允许所有人进入，除了僧侣和伪君子。言下之意是，这两类人是同一枚硬币的两面。

法国版《十日谈》

为了躲避修道院城墙以外的危险的土匪和野熊，十个人来到了比利牛斯山的一个修道院里，五男五女。在他们能出去之前，为了消磨时间，他们同意互相讲故事。

这样一种叙述模式——一群人围坐在一起讲故事——在被用作《七日谈》（*Heptameron*）的框架时，已经并不新鲜了。那是一部16世纪的奇怪的散文作品，为纳瓦拉的玛格丽特女王（Queen Marguerite of Navarre）所作。它的标题是对14世纪意大利散文作家薄伽丘的《十日谈》（*Decameron*）的致敬。它的主人公们被困在佛罗伦萨的一个别墅里。他们彼此讲故事，等待黑死病的消退以便回到城市。事实上，《七日谈》的名字是事后追加的，以便和薄伽丘的名著进行比较，并暗示它是法国的同类作品。正如薄伽丘的书的标题所表明的那样，这十个人物分别讲了十个故事，总共多达100个故事。而玛格丽特笔下那十个健谈的人总共在彼此间讲了 72 个故事。（《十日谈》的叙述框架结构也影响了乔叟。他的《坎特伯雷故事集》就采用了讲故事比赛的主题。）

玛格丽特是纳瓦拉国王弗朗索瓦的妹妹，也是她的作家同行拉伯雷的赞助人。拉伯雷知恩图报，于是把《巨人传》的第三卷题献给她。荷兰学者德西德里乌斯·伊拉斯谟（Desideratum Erasmus）赞美地写信给她，赞美上帝赐予她的许多恩赐。但是，我们甚至并不确定玛格丽特是否真的写了《七日谈》。她死后九年出版的第一版没有提到她的名字。但学者普遍认为，她很可能是作者，至少几乎肯定是这本书中许多故事的汇编者。无论是哪种情况，这本书都可以说提供了 16 世纪初法国宫廷生活的宝贵写照。

《七日谈》中的许多故事涉及某种诡计。很多早期的故事涉及性欺骗，好色的男人试图把贤妻带入歧途，或是狡猾的丈夫热衷于和女仆一起爬上床，最后却发现与其上床的是——自己的妻子。就像拉伯雷的故事一样，有许多狡猾和好色的僧侣。而且，书中的性内容可真不少，但偶尔还会有一些其他的东西。如果使用技术术语的话，可以说一些故事是关于粪便学主题的，而有话直说的话，就是充满了大便。在一个短小的故事里，一个药剂师的助手从街上捡起一坨大便，用纸把它包起来卖给了律师，说服了他这是一个可以做一顿美餐的塔糖。在另一场短剧中，一位富有的贵族女子在参观修道院的时候突然想要大便。《七日谈》中的许多迷你故事都事关“身体第一，灵魂第二”。不消说，我们已经和玛格丽·肯普和诺维奇的朱利安的宗教沉思颇有一段距离了。

这是乌托邦吗？

大多数人都因为两件事而听说过托马斯·莫尔爵士（Sir Thomas

More，1478—1535）。第一件事是他和亨利八世起了冲突。亨利八世要和阿拉贡的凯瑟琳离婚，和安妮·博林（Anne Boleyn）结婚。这件事以莫尔的脑袋掉到断头台上而告终。第二件事是他写了一本名为《乌托邦》（*Utopia*）的书，它命名了所有想象中的理想社会，并且命名了一种文学类型。我们大多数人没有读过这本书的原文，因为莫尔写这本书用的是拉丁语——第一版英文翻译面世于 1551 年。

我们在本书第一章提到了琉善的《真实的历史》，《乌托邦》受益于这本书颇多。但是，莫尔没有像琉善那样一开始就干净利落地承认自己的故事是虚构的，而是花费力气把自己的故事置于一定程度的真实之中。他用框架叙事的手法来表明岛屿乌托邦是一个真正的地方，很像新发现的美洲大陆。他可能努力得有点过头了：出版商在介绍莫尔 1518 年的拉丁警句时曾提到某个傻子，他说他不明白莫尔有什么好值得敬仰的，莫尔只不过是把别人告诉自己的事记录下来而已。

托马斯·莫尔的朋友伊拉斯谟编辑了《乌托邦》。它于 1516 年在鲁汶出版。

其实，没有人可以完全确定，莫尔在《乌托邦》里是在和读者开玩笑，还是在真诚地描绘一个完美世界的样子。然而，有一些线索证明，这本书的大部分——如果不是整本书的话——是带着讽刺口吻的。我们很难理解坚定的罗马天主教徒莫尔会认真地倡导基于双方自愿的离婚，而这在乌托邦中是受鼓励的。莫尔也不可能赞成女性担任神职人员，而这是莫尔的岛屿共和国的特色。一旦我们意识到“乌托邦”这个词本身就是一个双关语（“好地方”和“不存在的地方”——换句话说，“天下没这等好事”），那么显而易见，莫尔是在和世上过度的理想主义者们开玩笑。当他向我们介绍那些拥护共产主义、拒绝个人财富的乌托邦人时，这种讽刺的态度也是显而易见的。那些乌托邦人还认为要鼓励对财富的蔑视，最好的方法当然是用黄金做便壶。

无论莫尔把乌托邦当作一个理想社会的认真形式还是讽刺形式，关于莫尔的乌托邦，最令人惊讶的或许是：与其说它是乌托邦，不如说它是一个反乌托邦。在莫尔的想象世界中，老大哥在看着每个人：这里没有个人自由，人权也处于被威胁的状态——正如每一部反乌托邦小说一样——从乔治·奥威尔的《一九八四》到玛格丽特·阿特伍德（Margaret Atwood）的《使女的故事》。然而，莫尔似乎认为这不是个问题。对婚前性行为的惩罚是强迫终身独身。通奸者被收为奴隶，屡犯者被处决。乌托邦里有许多噩梦一样的事——至少对现代读者来说是这样。

不过，尽管莫尔命名了这个文学类别，但是他并不是乌托邦概念的发明者。古典时代以来，理想的社会一直是作家们的固定话题。4 000 岁的史诗《吉尔伽美什》描述了一个没有死亡、悲哀、疾病和年老的世界。柏拉图的《理想国》继承了这个想法，一些学者甚至认为柏拉图的书是讽刺性的——正如莫尔的书一样。

统治者

除了都铎王朝的历史学者之外，现在几乎没有人知道托马斯·埃利奥特（Thomas Elyot，约 1490—1546）的名字，但是有几个理由会让我们想要认识他。埃利奥特是伊拉斯谟和托马斯·莫尔的肥沃土壤里培育出的一名真正的人文主义者，后者也是他的朋友之一。他是女性受教育的倡导者，他的观点展现在他 1540 年的著作《为善良的妇女辩护》(*The Defence of Good Women*)之中。(他的观点是受过教育的妻子们可以更好地服务于她们的丈夫，因为她们能够与丈夫讨论更具智性的话题。)

他也是英语散文发展中的重要人物。许多常用的词都首先记录在埃利奥特的作品中，包括虐待(abusive)、适应(adapt)、成人(adult)、孩子气的(boyish)、混合(concoction)、百科全书(encyclopedia)、排泄物(excrement)、片段(fragment)、独特(inimitable)、不自愿(involuntary)、忠诚(loyal)、颂歌(ode)、香水(perfume)、荒谬(ridiculous)、绿薄荷(spearmint)、海星(starfish)、紧张(tension)、容忍(tolerate)和——华丽登场的——萝卜(turnip)。他还创造了鳄鱼(alligator)一词的第一次有记录的使用，但他指的是绑东西的人(直到50年之后的1590年，这个词才第一次用来指那种爬行动物)。在1538年他制作了第一个拉丁语-英语词典。它的出版非常及时：英格兰宗教改革使得英格兰上上下下的教堂里，拉丁文弥撒仪式都被英语的仪式取代，而且1538年也是亨利八世批准《圣经》官方英文译本(所谓的“伟大的《圣经》”)的一年，第二年这本《圣经》就出现在教堂的讲台上。

然而，埃利奥特对宗教改革却不是太上心。他不但与天主教殉教者托马斯·莫尔是亲密的朋友，而且在对国王与阿拉贡的凯瑟琳离婚随后与安妮·博林结婚这件事上，他似乎也和那位政治家的立场一样。在1533年亨利和安妮结婚的那一年，埃利奥特把宗教改革描述成一片巨大的云，当它落下来时，就可能变成一场巨大的风暴。他说的一点儿没错：两年之后，更多的人将会因为拒绝承认亨利八世是新成立的英格兰教会的领袖而被处决。

对于埃利奥特在这一切中所扮演的角色，最重要的或许不是他说了什么，而是他说的方式。他把他的一本小册子命名为《平实的帕斯奎尔》(*Pasquil the Playne*)，而他自己正是以平实的说话——准确地说是写作——方式而为人所知。在 1531 年，他写了《统治者之书》(*The Boke Named the Governour*)。这本书献给亨利八世，是一本写给统治阶级年轻人的指导手册，告诉他们应该如何行事。它本质上是一本士绅阶级的生活指南。埃利奥特的书大部分内容受到了伊拉斯谟的影响。它被称为第一本用现代英语写的散文，而不是用中古英语。

但是这是一个讲真话很危险的时刻。埃利奥特或许很幸运，能够不声不响地失宠于国王，这让他活了足够长的时间，不仅编纂完了他的字典，还发展了他那没有废话的写作风格。然而，不幸的是，他在政治舞台上的默默无闻也意味着他的名声没有莫尔那么持久。如今，读者如果遇到埃利奥特的作品，很可能不会意识到他的后裔和同名诗人托马斯·斯特恩斯·艾略特（Thomas Stearns Eliot）在 1940 年的诗《东河村》(*East Coker*)——《四重奏》的第二部——中引用了《统治者之书》。

文艺复兴时期的畅销书

埃利奥特关于“如何成为文艺复兴时期完美的绅士的指南”的书并不是同类中的第一本，而且其很可能对一年前出版的荷兰学者伊拉斯谟的作品《论儿童的教养》(*On Civility in Children*)有所借鉴。伊拉斯谟的书本身也借鉴了 16 世纪早些时候意大利作家巴达萨列·卡斯提里奥尼（Baldassare Castiglione）的著作《廷臣论》(*The Courtier*)。就像《统治者之书》一样，这是 16 世纪的行为指南，为有良好家庭背景的人提供行事方式的建议（只针对男人或男孩）。伊拉斯谟像他的朋友托马斯·莫尔一样，是一个全面的学者：机智，受过教育，有创造力，而且是一个人文主义者。生于15世纪60年代后期某个时候的鹿特丹的埃利奥特成了一个受人尊敬的《圣经》学者（他在起草《新约》的新希腊语和拉丁语的版本）。他也是一个兴趣广泛的作家。他的写作话题从文学体裁跨越到迷信愚昧。他的著名的《愚人颂》（*In Praise of Folly*）是他住在英格兰的莫尔家里时写成的。

《愚人颂》提供了什么样的建议？用袖子擤鼻涕会让人皱眉头。在餐桌上把自己吃了一半的食物给别人也是不行的（学到这个很有用）。呕吐比憋住喉咙里的恶心更可取。在椅子上前后晃动应该被制止。"这样做会给人留下不断放屁或是试图放屁的印象。"呃，显然如此。

但《愚人颂》不仅仅是一本餐桌礼仪书。嗯，事实上，它也没有多少其他内容：它差不多就是在讲餐桌礼仪。但是，发人深思的是它的流行程度。在头十年里，它被翻译成22种语言。它在伊拉斯谟的一生中被翻译为30个版本，在接下来的三个世纪里还将有100个翻译版本。这是16世纪欧洲的畅销书。《愚人颂》的流行表明，有一个蓬勃发展的父母群体需要养育子女的指南，而伊拉斯谟则是告诉他们如何去做的人——他是那个年代的本杰明·斯波克医生（Dr. Benjamin Spock）。他们希望确保自己的孩子们熟悉16世纪欧洲的各种礼仪，在那个世界中，对于这个阶层的人来说，违反礼节的行为会对他们在宫廷里的职业发展产生严重的影响。无论如何，它至少强调了手帕和恶心的重要性。

第一位英国女性剧作家

问问"第一位英国女性剧作家是谁"，你可能会碰到以下三种答案之一。“不知道”可能是最常见的——取决于你问的是谁。问问那些博学多识的人，最常见的回答很可能是阿芙拉·本（Aphra Behn）。她在1670年和1680年的王政复辟时期为自己确立了最流行的剧作家之一的名声。另一个可能的答案是玛丽·西德尼（Mary Sidney）。她的《安东尼厄斯》（*Antonius*）发表于1592年。但即使西德尼也没有得到“第一位英国女性剧作家”的称号。这一荣誉——带有一些限制条件地——属于一个名为乔安娜·拉姆利（Joanna Lumley）的女人。

弗吉尼亚·伍尔夫（Virginia Woolf）称阿芙拉·本为第一位以笔维持生计的英国女性。

乔安娜·拉姆利，也被称为简·拉姆利（Jane Lumley），生于1537年，于1578年去世。她对欧里庇得斯的《奥里斯的伊菲格涅亚》（*Iphigenia in Aulis*）的翻译大概是从希腊原文翻译而来的，那是在16世纪50年代，她还是一个十几岁的少女时翻译的（虽然她从来没有完成）。但是，这个翻译直到1909年才首次出版。《奥里斯的伊菲格涅亚》是希腊悲剧中在16世纪被翻译得最多的一出悲剧，伊拉斯谟——那位写了呕吐和放屁的指南书的人——在几十年前就已经做出了一版流行的拉丁文翻译。

但是作品的年代和拉姆利的选择都是意味深长的。《奥里斯的伊菲格涅亚》讲的是一位父亲为了赢得战争而牺牲女儿的故事。阿伽门农（Agamemnon）命令处死他自己的女儿伊菲格涅亚，以安抚女神阿尔忒弥斯（Artemis），这样他才可以顺风顺水地航行到特洛伊战场。在拉姆利翻译伊菲格涅亚故事的时候，另一位和拉姆利同年出生的简女士即简·格雷夫人（Lady Jane Grey）被她政治上雄心勃勃的公公诺森伯兰公爵（Duke of Northumberland）推上了王位。这两位女士的共同点不止于名字和出生的年份：她们是表姊妹。广为人知的是，简·格雷对英格兰的统治只持续了九天，而血腥玛丽（Bloody Mary）在登上王位之后，把她囚禁起来，并且为了保险起见，把她斩首了。

诺森伯兰公爵为了自己的政治野心而牺牲了自己的儿媳妇。这不难看出她与伊菲格涅亚悲剧的相似性。拉姆利选择这个作为翻译的主题，意味着她不是简单地翻译希腊的经典。很可能的情况是，她使用翻译作为评论当代政治事件的隐晦方式。《伊菲格涅亚》不仅是希腊原文的第一个已知的英文翻译，还是英国第一个由女人写作的戏剧作品。它也可以被解读为对简·格雷这出当代现实悲剧的评论。

解锁十四行诗

1553 年，在简·格雷夫人不幸而短暂的统治结束之后，血腥玛丽登上王位，流放了各种虔诚的新教改革派。其中有一个人名叫安妮·洛克（Anne Locke）。

洛克是斯蒂芬·沃恩（Stephen Vaughan）的女儿。沃恩和托马斯·埃利奥特同时在亨利八世的朝廷中供职。与埃利奥特不同，沃恩完全支持新教改革——甚至可能有点过于热情了。要知道，在 16 世纪 30 年代，过度热情的改革者可能像热烈的天主教徒一样容易下场糟糕。他的女儿安妮出生于 1530 年左右并且继承了父亲的改革热情。当她长大后，她嫁给了亨利·洛克（Henry Locke），他也有与沃恩家族一样的对新教改革的热情。1553 年，苏格兰改革家约翰·诺克斯（John Knox）和洛克一家住在一起，直到支持天主教的血腥玛丽登基后把他送上了去往欧洲大陆的自我流亡。安妮和她的丈夫于 1557 年在瑞士加入诺克斯，还带着他们的两个小孩。他们的女儿在抵达日内瓦四天后死亡。洛克一家在瑞士没待多久，并且随着玛丽一世在一年后的去世，他们回到了英格兰。但洛克与诺克斯保持着联系：罗伯特·路易斯·史蒂文森（Robert Louis Stevenson）甚至认为，安妮·洛克是诺克斯最爱的女人。

尽管她没有接受过正式的教育——英国的学校仍然只有男性能上——但洛克已经被教授了要领，并且能够用多种语言阅读和书写。这让她翻译了另一位新教改革者约翰·加尔文（John Calvin）的一些布道书。它们于1560年出版。

但特别有意思的是她收入布道书的26首十四行组诗，题为《忏悔罪人的沉思：以大卫第51诗篇的方式而写》（*A Meditation of a Penitent Sinner：Written in Maner of A Paraphrase upon the 51. Psalme of David*），它是第一组用英文书写的十四行诗，是在菲利普·西德尼爵士（Sir Philip Sidney）写下他的《爱星者与星》（*Astrophil and Stella*）之前20年，在莎士比亚开始写十四行诗之前30多年。

洛克是这些十四行诗的作者这一情况直到近年才被学者广泛接受，长期以来人们普遍认为是诺克斯写了它们。洛克曾经的说法也助长了人们的猜测。她在十四行诗的序言中声称，它们是“一位朋友”的作品，而她只是将其纳入书中。（十四行诗的序言引起了胡乱猜测，这可不是本章中最后一遭。）但这些作品似乎全部是洛克的作品，虽然如其标题所示，这些诗是对诗篇第51首所表达情感的改写。

这些十四行诗遵循了萨里伯爵（Earl of Surrey）在16世纪40年代所发展出的格律。更为著名的是莎士比亚，他在十四行诗中也使用这些格律。虽然这种诗歌体裁一般被称为“莎士比亚十四行诗”，但莎士比亚并不是首创者。当时，洛克的诗不仅代表了以英语写下的第一组十四行诗，而且是第一组“英国十四行诗”。它和早些时候的意大利格式不同，采用了新的格律。

小心猫咪

印刷商往往为文学史所忽略。作家——如果幸运的话——会因为他们的作品而被称赞，而出版商偶尔也会因为让这件作品引起全世界的注意而被认可（更不用提经济上的回报），但是卑微的印刷商——几乎是制作一本书的链条中的最后一环——常常籍籍无名。16 世纪的印刷商助手威廉·鲍德温（William Baldwin）比大多数人更受忽视，加上他既是一名作家也是一名印刷商，所以他的名字并不广为人知这件事就更让人沮丧。他是第一部印刷出来的英文十四行诗的作者，那是在 1547 年左右。其他人曾经在鲍德温之前写过十四行诗，比如萨里伯爵和托马斯·怀亚特（Thomas Wyatt），但是它们只是以手稿形式流传，直到 16 世纪 50 年代才出版。不仅如此，鲍德温还是第一本英文小说的作者——至少是竞争这一荣誉的获选人之一。

《小心猫咪》是鲍德温在 1553 年左右写的——那是简·格雷夫人享受王座上的九天荣光的时候——但是直到 1570 年才发表。这种延误是有理由的：如果 16 世纪 50 年代的英国因为一件事而被记住的话，那件事一定是天主教徒玛丽一世烧死了成百上千名新教徒。《小心猫咪》用强烈的嘲讽反对天主教，而当玛丽在 1553 年即位之时，鲍德温无疑意识到，印刷这本书——说得客气一点——不会是最明智的职业举动。但随着五年之后玛丽去世，新教徒伊丽莎白一世登基，这本书以其对天主教迷信和仪式俏皮而又尖锐的嘲讽深受读者欢迎，并在 1584 年重印。

《小心猫咪》很有趣，它是一本小书，却包含了交织在一起的故事，这种讲故事的方法叫作“中国套盒”（Chinese box）。它里面有狼人、会说话的猫、魔法药水和神秘知识书，而且它融合了口述的童谣传统和关于拉丁语的高深学问。有一次，担心放在核桃壳里（不要细究）的猫是魔鬼化身（当然是这样），一个倒霉的天主教神父在这只可怜的老鼠杀手身上滑倒了，并且冲进了人群，脸恰好贴在一个小男孩的光屁股上，而那个小男孩恰好拉了裤子。这可是你在《米德尔马契》（*Middlemarch*）中找不到的东西。

《小心猫咪》似乎是把女巫的猫称为狸猫精（Grimalkin）的出处。（后来莎士比亚在《麦克白》中用了这个名字，让它更有名。）

鲍德温还是《为官之鉴》（*The Mirror for Magistrates*）的编辑和主要作者。这本书的主题是生活或是悲剧。它将会影响莎士比亚和其他一些作家。但是，《小心猫咪》是他的更长的作品，也可以确认是他独自创作的。它与早些时候的托马斯·莫尔的《乌托邦》有很多共同之处——结构、风格和讽刺腔调，但有两个重要的不同之处：反天主教内容标志着它是宗教改革后的新教作品，而更为关键的是，它不是用拉丁文写的，而是用英文。

《小心猫咪》是一本非常丰富的、多层次的、充满戏谑和创造的书：作为英格兰对小说的第一次尝试，它还不错。事实上，人们甚至可以说它是第一部哥特小说。虽然那个称号通常被归给霍勒斯·沃波尔（Horace Walpole）的《奥特兰多城堡》（*The Castle of Otranto*）（我们之后会讲到）。鲍德温小说奇怪的地方之一是它展开的方式，不像早期哥特小说中沃波尔和安·拉德克利夫（Ann Radcliffe）设想的那种大陆城堡和地下墓穴，而是维多利亚时代的文本所采用的哥特策略，如《德拉库拉》（*Dracula*）和《化身博士》（*Strange Case of Dr. Jekyll and Mr. Hyde*）。像 19 世纪后期的经典小说作品一样，《小心猫咪》暴露出更黑暗的伦敦潜流：它把哥特的老家搬来了英格兰。讽刺味十足的是，书中包含着没有必要的旁注，就好像这部作品的编辑（也就是鲍德温本人）把这个文本看作是有关神秘传说的学术著作似的。

如果鲍德温的名字被人们记住了，那么一定是因为他编辑《为官之鉴》的功劳，但是《小心猫咪》是他的杰作，代表了他对英文小说的最大贡献。而且它讲的是猫。夫复何求？

莎士比亚的基德

1589 年，一位刚从剑桥大学来到伦敦的年轻作家托马斯·纳什（Thomas Nashe）梦想为剧院写作。他一点儿时间也没浪费，立刻着手攻击那些他认为自命不凡的伦敦剧作家（鉴于他当时差不多只有二十一岁，他的讽刺话语似乎伤不到自己）。同一年，他噼啪作响地攻击新手作家们，称他们“认为用浮夸的无韵诗肿胀地夸大就胜过了更好的笔法”。

虽然他没有提到具体名字，但是纳什明确表示，他的长篇大论是针对一个出身卑微的剧作家对手，其只接受过小学教育，却自认为受过足够的教育，能够写出堪与大学精英——比如罗伯特·格林（Robert Greene）、克里斯托弗·马洛（Christopher Marlowe）和（在他自己心中）纳什本人——比肩的剧作。纳什接着说：“如果你在一个霜冻的早晨恳求他（即这个未被指名道姓的剧作家），他会给你整个小村庄

（Hamlets），但我会说那只是几段悲剧演讲。”

如果纳什的长文是出于嫉妒，那么他奇怪而有预见性地正确了一次，他的确应该感到不快，因为他自己对诗歌戏剧的贡献将被证明是微不足道的。也许关于他的作品最有趣的事情，除了上面的猛烈攻击之外，那就是他使用了现在无处不在的单词电子邮件（email）。这是对法国术语搪瓷（enamel）的晦涩的英国化。这个词出现在他 1594 年的毫不起眼的书《夜惊魂》（*The Terrors of the Night*）之中。

但是，值得注意的是，纳什所攻击的那位出身卑微的剧作家并不是莎士比亚，而是另一个人。托马斯·基德（Thomas Kyd），比纳什大九岁，比莎士比亚大六岁，在伦敦舞台上至少已经有一次成功的演出——《西班牙悲剧》（*The Spanish Tragedy*），英国最早的流行血腥复仇悲剧。它最早在 16 世纪 80 年代上演，可能是在 1588 年。（鉴于基德戏剧关注的是西班牙，我们应当知道，这也是弗朗西斯·德雷克击败西班牙无敌舰队的那一年。）但是基德也很可能是一部叫作《哈姆雷特》（*Hamlet*）的剧本的作者。这个剧本是在同一时间上演的，而且在 1589 年无疑上演过——那也正是纳什把《哈姆雷特》的作者骂得狗血淋头的时候。

这个早期版本的《哈姆雷特》一般称为《原哈姆雷特》（*Ur-Hamlet*）。“原”（Ur）是德语的前缀，意为“原型”或“原始的”。可悲的是，这个版本已经失传了，我们现在对它所知甚少。然而，从同代人的文章中，我们确实知道了一些有趣的事实：在莎士比亚写他的《哈姆雷特》之前十年，伦敦就有一部关于哈姆雷特的戏剧在上演，这个早期剧本的主题集中在复仇上，而且——正如莎士比亚后来的版本一样——剧中有一个幽灵。我们知道这最后两件事情，是因为在 1596 年，一位名叫托马斯·洛奇（Thomas Lodge）的作家在他的书《机智的苦难和世界的疯狂》中写道："鬼魂在剧场哭得如此悲惨，就像卖牡蛎的女人一样，哈姆雷特，复仇吧！"而这是在莎士比亚的《哈姆雷特》第一次演出之前的五年。

早先版本的丢失没有阻止评论家推测其对莎士比亚戏剧的影响。T. S. 艾略特用它作为棍子，殴打我们的吟游诗人，他认为莎士比亚的《哈姆雷特》是艺术上的失败，因为他挣扎着改写早先基德的作品，讲述主要人物与母亲的奇怪关系，试图让它在感情上令人信服。威廉·燕卜荪（William Empson）甚至更进一步，认为莎士比亚《哈姆雷特》中的情感泛滥是在故意嘲弄基德的原作。当莎士比亚在1601年写下他的版本时，原作的风格已经变得过时可笑。

> 第一座伦敦剧院红狮（Red Lion）建于1567年，当时莎士比亚三岁。

16世纪80年代是英国戏剧史上的第一个伟大的十年。整个中世纪，戏剧一直是在圣诞节和其他特殊场合的城市广场上进行的天主教娱乐活动，是对《圣经》中的关键事件（比如耶稣受难和诞生）的戏剧化，通常用的是平铺直叙的功能性对话。多亏了宗教改革，事情才发生了变化。这些古老的天主教表演被认为是不合适的和冒犯性的，而在它们的废墟上产生了伦敦剧场这一新事物。开始于16世纪80年代的英语戏剧黄金时代将会涌现出无数剧作家，他们挥动着他们的鹅毛笔——莎士比亚、克里斯托弗·马洛、本·琼森（Ben Jonson）、约翰·韦伯斯特（John Webster），但基德代表了关键的发展，因为他是为伦敦舞台写作的剧作家中已知的第一个既流行又有影响力的人。不幸的是，他的流行还不足以让他流传下来，至少在

《原哈姆雷特》这里是这样。

伊丽莎白时代的戏剧以手稿方式流传，但鲜有人拥有戏剧的完整抄本，除非它们已经出版了。毕竟，抄写整本手稿对剧组成员来说太过费时了，他们还有别的事情要做，比如背诵台词、表演排练、试装。所以戏剧演员将只接收那些有他们台词的场景的抄本。这些台词会写在纸卷上交给演员，这就是为什么我们现在将演员的角色称为“角色”（role）——这个词来自法文，指的是一卷纸。

有时，伊丽莎白时代戏剧出版的早期版本是由几个演员拼凑在一起的。他们会努力记住——或者，像经常发生的那样，误记——戏剧的台词。这也许就是为什么在戏剧上演一两年之后才出版的 1603 年的《哈姆雷特》四开本中，哈姆雷特的著名独白不再是“生存还是毁灭，这是一个问题”（To be，or not to be：that is the question），而是“生存还是毁灭，这个是重点”（To be，or not to be，I there's the point）。谢天谢地，有人有更好的记忆或是更好的手稿。

可悲的是，在帮助激发了英语戏剧最伟大的作品之后，基德并没有长寿到足以看到莎士比亚对他的哈姆雷特做了什么。作为惹是生非的克里斯托弗·马洛的好伙伴，基德被逮捕并被带到伦敦塔，在那里受到酷刑拷问，要他交代同伴的信息。他一直未能康复，不久就死了。那是 1594 年。

谁是 W. H. 先生

1609 年版的莎士比亚《十四行诗》献词一定是史上所有书中最令人费解和难以捉摸的部分。你很难找到有哪一页纸的文字产生了如此多的评论，却又没有令人信服的解答。批评家和传记作者仍然分歧严重。这本书献给“W. H. 先生”，然而这个神秘人物是谁？

献词如下：

谨致
本集十四行诗之
唯一的促成者
W. H. 先生，
祝他洪福齐天
恰如我们不朽之诗人
笔下所讴
芳名永在。
心存善念
而冒昧
付梓
者①

① 原文如下：
TO. THE. ONLIE. BEGETTER. OF.
THESE. INSVING. SONNETS.
MR. W. H. ALL. HAPPINESSE.
AND. THAT. ETERNITIE.
PROMISED.
BY.
OVR. EVER-LIVING. POET.
WISHETH.
THE. WELL-WISHING.
ADVENTVRER. IN.
SETTING. FORTH.
T. T.
译文选自莎士比亚全集．辜正坤，译．南京：译林出版社，1998.——译者注首字母“T. T.”比较容易破译：它们几乎肯定是指十四行诗的出版者托马斯·索普（Thomas Thorpe）。索普在感谢献词的接受者，因为他是十四行诗“唯一的促成者”。但是，这里所说的“促成者”（begetter）是什么意思，这是否有助于我们解决“W. H. 先生”是谁的谜题？

谜底有许多选项。许多学者认为“促成者”这个词的意思是“启发者”，而献词是写给十四行诗中经常提到的“美少年”（Fair Youth）的。应该更广为人知的是，“或许我可以将你比作夏日”（Shall I compare thee to a summer's day）大概是英国文学中最著名的浪漫诗行了，它是由一位男性诗人写给一个青年男人的。彭布罗克伯爵（Earl of Pembroke）威廉·赫伯特（William Herbert）是“美少年”的主要候选人，因为他的姓名首字母缩写合适，后来他也是第一对开本的献词对象。在1623年的第一对开本中，莎士比亚的所有作品被合并成一本。彭布罗克的问题在于，对贵族成员的奉献往往是相当谄媚的（只要它们出现在书上，至今仍然如此），所以一个小小的出版商敢于只把伯爵称作“先生”吗？“W. H. 先生”的另一位候选人也是如此，南安普敦伯爵（Earl of Southampton）亨利·赖奥思利（Henry Wriothesley），已经有两首莎士比亚的叙事诗是献给他的。这种论证是，如果他的姓名首字母是反的（无论是意外还是设计），“H. W.”就变成了“W. H.”。但再一次，如果我们考虑到赖奥思利是个伯爵，可不是什么“先生”，那么这个论据就倒掉了。

奥斯卡·王尔德（Oscar Wilde）在1889年的一个故事中提出了自己的理论——或者更确切地说，他接受了18世纪的一个理论。在王尔德的故事《W. H. 先生的画像》中，这两个首字母指的是莎士比亚戏剧公司的演员男孩威利·休斯（Willie Hughes），许多人物最终被说服。因此，十四行诗揭示了莎士比亚与神秘的休斯之间的热烈的同性恋情。十四行诗中关于威尔（will）和休斯（HEWS，即“hues”，色调、阴影或颜色的意思）的双关语为这一理论提供了一些内部的、推测性的证据。关于这个观点，主要问题在于没有证据表明威利·休斯这个人真的存在过，这是一个令人遗憾的缺点。

想要成为文学侦探的人还提出了其他理论。在1964年的书《W. H. 先生》（*Mr. W. H.*）中，自称文学侦探的莱斯利·霍特森（Leslie Hotson）声称已确定十四行诗是献给林肯郡的一名男子威廉·雷德克里夫（William Hatcliffe）的。其他人辩称“W. H.”代表“Who He”（任何人），因此这只是一个出版商的伎俩，鼓励公众来猜测神秘人物的身份。

所有这些理论似乎都认为这个献词——它也许是所有英国文学中最有名的献词——是献给为莎士比亚的十四行诗带来灵感的人。但是果真如此吗？许多评论家，包括伯特兰·罗素（Bertrand Russell），都认为并非如此。在莎士比亚的时代，“begetter”更可能是指作家，而不是激励者。诗人们产生（begat）他们的诗，像是男人在生孩子。献词有可能是写给莎士比亚自己的吗？索普可能没有得到诗人的许可就已经出版了莎士比亚的十四行诗，所以这个献词有可能是索普向诗人示好的方式。这样的话“W. H.”就要读作“W. S.”。

但是，如果是这样的话，那么为什么题词并不是给“W. S.”先生的？威廉·莎士比亚不是贵族，肯定会被称为“先生”，但是叫他“W. H.”则讲不通。其实，说这是一个打印错误的观点——或是印刷者把手写的S当作了H——并没有乍听上去那么离谱。在《莎士比亚的天才》中，乔纳森·贝特（Jonathan Bate）举了一个例子。托马斯·加夫（Thomas Goffe）的剧作《愤怒的土耳其》（*The Raging Turke*）实际上在其标题页上用大写字母写的是“THE RANING TURKE”。如果这个错误都溜过去了，为什么“W. H.”就不能呢?

所以，也许在英国文学中最神秘的献词可能只不过是一个出版商在向诗歌的作者致敬，他希望不要因为未经同意就出版诗人的作品而引来官司。但事实是，我们永远没法确切地知道实情了，而围绕莎士比亚十四行诗的谜团将来仍然会在读者头顶挥之不去。

吉诃德式空想

1616年4月23日，莎士比亚在埃文河畔的斯特拉特福（Stratford-upon-Avon）离开世界。那一天，西班牙的另一位文学巨匠米歇尔·德·塞万提斯（Miguel de Cervantes）也入土为安。塞万提斯去世的日期通常被认为是4月23日，但实际上他是前一天去世的。一年前，他完成了他的杰作《堂吉诃德》（*Don Quixote*）的第二部分。它在欧洲非常受欢迎，它的一部分甚至成为莎士比亚晚期戏剧《卡丹纽》（*Cardenio*）的素材，可惜这部戏剧如今失传了。

现在常用的几个词，比如吉诃德式空想（quixotic）和色狼（lothario），都源于这部小说。它是先锋小说作品，是小说的早期典范，甚至在“后现代”（postmodern）这个词被发明之前很久，它就已经是后现代的了。巨蟒剧团的成员可能是他的粉丝：有人认为他们的奶酪店段子（Cheese Shop sketch）也要部分归功于《堂吉诃德》。

阿隆索·奎克萨诺（Alonso Quixano），也就是书名中的这位堂吉诃德，是一个年近50的伊达尔戈（hidalgo）（西班牙小贵族），他和侄女、管家一起住在拉曼恰（La Mancha）。他的脑海中充满了他所阅读的骑士小说，不幸的是，他相信所有这些浪漫故事都是真的。受到骑士英雄主义故事的熏陶，奎克萨诺决定自己成为骑士，然后他就上路了，与风车大战（然后他又吓得逃跑了，因为他相信它们是怪物）。

《堂吉诃德》其实不是一本书，而是两本：最初的冒险及其续集，续集是在第一本出版十年后写的。在 1605 年第一卷的出现与 1615 年第二卷的出现之间，一个名叫阿隆索·费尔南德斯·德·阿韦拉内达（Alonso Fernández de Avellaneda）的经济学家盗窃了塞万提斯（Cervantes）的人物（当时可没有版权法），并写了一本较差的续集——《拉曼恰的机智骑士堂吉诃德第二卷》。它发表于 1614 年。塞万提斯决定，如果要有一本适当的续集的话，那应该由他自己来写，所以他就开始写他的书的续集。

威廉·福克纳每年都重读一遍《堂吉诃德》。

《堂吉诃德》的叙述者把这个故事归功于一位穆斯林史学家希德·哈梅特·贝内恩赫利（Cide Hamete Benengeli，Benengeli 在阿拉伯语中是“茄子”的意思）。这位“茄子”先生从来没有存在过，这是塞万提斯的文学骗术。

塞万提斯在 1571 年的勒班托海战中失去了左手。他和他的兄弟于 1575 年被海盗俘虏，并作为奴隶出售给阿尔及尔国王。他们做了五年奴隶，直到最终付清了赎金。1588 年，塞万提斯还帮助西班牙无敌舰队准备攻击英格兰。

《堂吉诃德》也是 17 世纪西班牙的粗野喜剧。在某处，我们的主人公在一个笼子里拉了裤子。在另一处，他无意中向闯入他的卧室的年轻女士们暴露了自己的裸体。桑丘·潘沙和堂吉诃德相互呕吐到了对方的脸上。它是不虔、下流、庸俗的，而且非常现代。除了风车之外，它里面还有很多东西。

奇闻合集

书的世界里有许多无名英雄和被遗忘的名字。然而我们即便承认这一点，也要为托马斯·科里阿尔（Thomas Coryat）的籍籍无名而感到奇怪。在当时，他可是个大新闻。他进入国王詹姆斯一世的宫廷，成为国王的儿子亨利王子的小丑，相传曾与莎士比亚和本·琼森在传说中的美人鱼小酒馆（Mermaid Tavern）饮酒，并走了很多的路。是真的很多很多路。

1608年，科里阿尔从伦敦一路走到威尼斯，然后又走回来，穿着同一双鞋。当他回到家时，他把鞋子挂在当地的教堂里。在莎士比亚的《一报还一报》（*Measure for Measure*）中，小丑庞贝提到的“周游列国的漂亮的鞋带先生”（brave Master Shoe-tie the great traveller）可能就是指他。科里阿尔根据自己长大的萨默塞特村庄的名字，给自己取了一个“奥康的伸腿者”（Odcombian Leg-stretcher）的绰号。在詹姆斯一世的英格兰，没有人如科里阿尔一样懂得伸展大腿的技术。

他在一本古怪的书中记载了他的意大利旅行，即《科里阿尔的奇闻逸事：五个月的仓促之旅》（*Coryat's Crudities*：*Hastily Gobled up in Five Moneth's Travels*）。这本书产生于1611年，正是詹姆斯国王版《圣经》出版的那一年。本书的开头部分以散文和诗歌形式展示了数量可观的献诗，其中包括本·琼森、迈克尔·德雷顿（Michael Drayton)、约翰·多恩（John Donne）和伊尼戈·琼斯等朋友和同事的贡献。(这些赞美的诗句被作者以一些不寻常的风格安排在一起，以配合作者的怪癖：甚至还有一首鸡蛋形状的诗。）这些赞美科里阿尔的诗最引人注目的是当中有多少并没有赞美他，而是嘲弄他和他的怪癖的诗。

科里阿尔大度地把这些诗也包括在内。他似乎已经认识了每个人：每个在17世纪早期有头有脸的英格兰人都排队来赞美他——或者，如常有的那样，来唱反调。这本书有很多的献词诗句。你必须先跋涉过第一卷将近一半的内容，才能到达科里阿尔正文开始的地方。

一旦这本书正式开始，它就产生了一系列令人惊讶的事情。科里阿尔记录到，他看到意大利人用小叉子吃他们的食物。当国王詹姆斯一世的宫廷成员读到这个习俗时，他们也采纳了。正是这样，用刀叉进餐的做法传到了英格兰。科里阿尔的朋友给他起了个绰号——“送叉人”（Furciferus）。科里阿尔还记录，意大利人习惯于用一种奇怪的玩意儿来遮挡阳光，这个玩意儿的字面意思是“小小的影子”。这是“伞”（umbrella）这个词第一次出现在英国，它将标志着一种新的英国习惯的开始：在户外使用这种装置来避免淋雨。这本书还向英国读者介绍了威廉·退尔（William Tell）的神话。

> 雨伞在18世纪才被广泛地用作防雨工具。第一个带雨伞的伦敦人乔纳斯·汉韦（Jonas Hanway）曾被旁人嘲笑。

科里阿尔可能是第一个“壮游”（Grand Tour）欧洲的英国人。但最终他为这些旅行付出了代价。1617年12月，科里阿尔在印度去世，据说死因是在炎热的气候下喝了过多的啤酒、吃了过多的肉。实际上，他成了死于“德里痢疾”（Delhi belly）的第一个英国人。他也可以说是第一位英语旅行作家。下次我们用叉子进餐或是在雨天用伞时，应该想起他的名字。

第四章　启蒙时代

1660 年 1 月 1 日，27 岁的海军行政官塞缪尔·佩皮斯（Samuel Pepys）写了日后将会驰名世界的日记的第一条。佩皮斯的日记如此令人愉悦，一方面是因为佩皮斯的个性——他对弱点的坦白、他的坦率，另一方面是因为这本日记是英国历史上丰富多彩的十年的编年史。众所周知，佩皮斯记录了大瘟疫、伦敦大火和荷兰人对梅德韦（Medway）的袭击，但使日记变得如此有趣的往往是那些日常的细节。佩皮斯日记里记录了潘趣和朱迪（Punch and Judy）在英国的表演，这是这个木偶戏最早的记录之一。它还描述了装有闹钟的手表——当时的新锐创新。

佩皮斯也是一个狂热的书籍收藏家。在他去世时留下的财产中，有另一个有名的人的日记——抵抗西班牙无敌舰队的英雄弗朗西斯·德雷克爵士（Sir Francis Drake）的年历。（据说佩皮斯不是按照主题来排列他的藏书，而是按照尺寸。这一定可以让书架好看，但找书麻烦。）在佩皮斯的年代，印刷书籍已经变得更加普遍、廉价。一个收入体面的绅士可以积累下一个相当大的图书馆。

文艺复兴以后，启蒙运动成为西方世界下一个重大的文化和科学的飞跃。它和 17 世纪的科学革命一起进行。科学革命至少包括了伽利略证明在我们的太阳系中行星围绕着太阳转（而不是行星和太阳在地球的轨道上旋转），牛顿的万有引力的著作和微积分的发现（又是那个牛顿，不过这次还有戈特弗里德·莱布尼茨：两个人为谁是第一个发现微积分的人起了争执）。随之而来的是大量的哲学反思，包括大卫·休谟（David Hume）和伊曼努尔·康德（Immanuel Kant）在内的诸多人物对一些大问题感到困惑，比如理性思维、我们与物质世界的关系以及自由意志的本质。

但是，那个时代也有若干较小的却同样重要的发现和发展。1660年9月，佩皮斯在日记中记录，他第一次喝了茶。这标志着从遥远的中国传来了一种新饮料，而英国将会热情地让它进入心里和嘴里。一种新崛起的文学形式——小说——试图反映世界对经验主义新产生的科学信心（人可以自己去检验物质世界，而不是单独依靠冷冰冰的逻辑，或是靠别人的描述），也反映了欧洲对航行和探险世界的兴趣（而且，必须补充一句，在这个过程中欧洲人殖民或奴役了世界的大部分地方）。小说成了讲述个人如何在世间获得成就的完美体裁：鲁滨逊·克鲁索（Robinson Crusoe）、摩尔·弗兰德斯（Moll Flanders）、汤姆·琼斯（Tom Jones）。人们也希望将事物归类。在法国有狄德罗的《百科全书》（*Encyclopédie*），在苏格兰有《大不列颠百科全书》（*Encyclopedia Britannica*），而在英格兰有塞缪尔·约翰逊的词典（之后详述）。这些书都是在几十年内编纂完成的。

本章将介绍17世纪中叶到18世纪中叶之间，在启蒙运动和理性的时代里，英国和爱尔兰的一些关键发展。有两个词凸显出来：探索和分类。所以如果你的望远镜和显微镜已经准备就绪，那么我们将会进入未知的领域——至少是鲜为人知的领域。

揭黑者鼻祖

对于我们来说，揭穿神话、质疑成见已经成了第二天性，但是这个习惯可不是什么新鲜事。17 世纪的一个人就在这样做了，而公众在 350 多年前就在热切地阅读有关消息。我们在谈的是托马斯·布朗爵士（Sir Thomas Browne，1605—1682），他也恰好为我们提供了第一次使用“谬见”（misconception）这个词的记录。

我最初注意到布朗是因为他铸造了大量新词。虽然我们不能肯定他是下面所有词语的提取者或发明者，但《牛津英语词典》认为无数今天常见乃至每日使用的词，最早有记载的使用者都是他。这些词包括（这里只列举最常见的）：灵巧的（ambidextrous）、古老的（antediluvian）、大概（approximate）、两足动物（biped）、平分（bisect）、植物的（botanical）、毛细管（capillary）、食肉的（carnivorous）、昏迷（coma）、补偿（compensate）、复杂（complicated）、玩世不恭（cynicism）、歧视（discrimination）、电力（electricity）、电梯（elevator）、行政（executive）、残忍的（ferocious）、石膏（gypsum）、幻觉（hallucination）、静止（inactivity）、不安全（insecurity）、医疗的（medical）、不存在（non-existence）、出汗（perspire）、草原（prairie）、螳螂（praying mantis）、早熟（precocious）、前缀（prefix）、想必（presumably）、分泌（secretion）、选择（selection）、下沉（subsidence）、气质（temperamental）、转让（transferable）、越界（transgressive）和隐秘的（ulterior）。他还是“电脑”（computer）一词最早的使用者之一（电脑原指做计算的人），虽然并非最早的一个。

布朗 1605 年出生于伦敦的齐普赛街（Cheapside）。在英国内战期间，他曾在诺维奇（Norwich，一个议会城市）当过医生，虽然布朗本人仍是保皇党人。他的写作议题广泛，包括宗教、瓮棺葬和各种与自然界有关的话题。关于宗教，他的《一位医生的宗教》（*Religio Medici*）在 17 世纪 40 年代出版时就非常成功。关于瓮棺葬，他写了一篇著名的论文。

诺维奇市中心有一座托马斯·布朗爵士的雕像：他坐着，拿着一个破损的骨灰盒。

他最雄心勃勃的著作是关于自然世界的，叫作《流行的谬误》（*Pseudodoxia Epidemica*）。它发表于1646年，而且很受欢迎，在布朗的有生之年就出版了更多版本。这本书的完整标题是《流行的谬误或是对诸多成见和普遍相信的真理的探究》（*Pseudodoxia Epidemica or Enquiries into Very Many Received Tenets and Commonly Presumed Truths*），它有时也被简称为“通俗错误”（Vulgar Errors）。它的目的是检验当时人们普遍的迷信和信念，并纠正其中那些假的。

为了做到这一点，布朗只要一有机会，就会按照17世纪早些时候弗朗西斯·培根爵士推广的那种经验主义精神进行自己的实验。为了确定是否像当代智慧所认为的那样，蜘蛛和蟾蜍相互攻击，他把几只蜘蛛放进一个装有蟾蜍的玻璃容器中。结果呢？蜘蛛踏上蟾蜍的身子，蟾蜍反过来吃了蜘蛛。他所驳斥的当时的谬误还包括以下这些：大象有四个膝盖；水晶只是非常坚硬的冰块（是的，有些人真的相信这个）；还有，如果你用大蒜摩擦磁铁，磁力会减弱。布朗用机智和幽默来挑战和纠正这些信念，他的文笔华丽而易读。他是由一人组成的揭穿机器。当日记作者约翰·伊夫林访问布朗家时，他形容布朗家是“好奇的陈列室”。“好奇”是布朗的游戏。

另一本日记

有些人出生就赶上了好时辰。如果你是一位日记作家，那么17世纪是一个特别好的时期，虽然也是一个潜在的危险时期。17 世纪 40 年代开始了英国内战，而在 17 世纪 60 年代，恢复君主制和查理二世即位之后，又出现了大瘟疫、伦敦大火灾和荷兰舰队的侵袭，彼此间隔不过一两年。

一位日记作家生活在这个有趣的时代，记录了这个时代的许多重要事件——尽管这本记录了他的观察的日记还要等上一个多世纪才会在 1818 年出版。我正在谈论的是约翰·伊夫林（John Evelyn，1620—1706），他的日常记录很快就会被 1825 年出版的海军管理员和芝士掩埋者（cheese-burier）塞缪尔·佩皮斯那著名的日记掩盖。（这不是一个委婉的说法：在大火期间，佩皮斯把他昂贵的帕尔马干酪埋在他的花园里，以免大火将其烧毁。）

但世人之所以关注佩皮斯的日记，部分原因就在于伊夫林日记的出版。它引发了公众对 17 世纪知识生活以及历史事件的兴趣：火灾、瘟疫、内战。它是 17 世纪下半叶的生动叙述。佩皮斯的日记只记录了十年，即 1660 年到 1669 年，但是伊夫林日记跨越了他大部分成年时期。其中的亮点包括奥利弗·克伦威尔（Oliver Cromwell）1658 年的葬礼。伊夫林在其中记载，除了一些狗之外没有人哭，而且这些是保皇派的狗而不是议会派的狗——在这里伊夫林可能并不是一个不偏不倚的记录者。

从 1660 年起，在没有君主的十年之后，英格兰将再次拥有国王——查理二世。随后的几十年将被称为恢复君主制的王政复辟（Restoration）时期，而查理二世将被称为“欢乐王”（the Merry Monarch）。与佩皮斯的日记一起，伊夫林的日记是这个时期的宝贵文献。

伊夫林的日记也是英国和其他欧洲国家对科学事物越来越感兴趣的重要记录。像佩皮斯一样，伊夫林死时留下了大量的图书，而他的兴趣像之前的托马斯·布朗一样广泛。在伊夫林的日记中，我们发现了英语中第一次提到“温室”（green house）这种新东西，指的是用于种植蔬菜和植物的装置。（他的日记也是“轮椅”一词最早的出处。）伊夫林还写了关于伦敦空气污染的书《驱逐烟雾》（*Fumifugium*）。这书发表于1661年，很可能是第一本探讨这个问题的书。有意思的是，伊夫林终生关注园艺和种植蔬菜，而他1699年的书《沙拉》（*Acetaria*）是有史以来第一本关于沙拉的书。

皇家学会在1662年被授予皇家特许，可以出版书籍。他们印刷的第一卷书就是约翰·伊夫林的一本书。它被称为《西尔瓦》（*Sylva*），并带有一个副标题：《关于森林树木和木材繁育的论文》（*A Discourse of Forest-Trees and the Propagation of Timber*）。该学会出版的第二本书叫作《显微术》（*Micrographia*），是由一个叫罗伯特·胡克（Robert Hooke）的年轻人创作的。

醉酒的跳蚤和显微镜

历史对罗伯特·胡克来说并不友好，因为艾萨克·牛顿对他不友好。胡克与牛顿经历了一场恶性竞争——至少在牛顿方面是恶性的——狡猾的牛顿开始将胡克从历史记录中删除，他甚至把胡克的所有肖像都毁掉了。因此，我们对胡克的样貌都没有确切的信息。讽刺的是，牛顿在给胡克的一封信中写出了那句名言（他是从中世纪哲学家沙特尔的伯纳德那里借用的）：“如果我看得更远，是因为我站在巨人的肩膀上。”说它讽刺，是因为胡克就是巨人之一，牛顿至少部分地站在他的肩膀之上。

胡克最初担任《怀疑派的化学家》（*The Sceptical Chymist*，1661）

的作者——也是波义耳定律的发现者——罗伯特·波义耳（Robert Boyle）的助手。的确，胡克与波义耳的合作——尤其是他们的气泵实验——为波义耳发现以他的名字命名的那条自然规律奠定了基础。胡克还会继续做很多事情，包括在1666年的大火之后帮助重建伦敦。早在史前化石流行时代一个世纪之前，他就推测，地层中可能有早期生命形式的证据；他甚至还提出物种可能会随着时间的推移而变化。这几乎比达尔文发表自然选择的进化论早了两个世纪。胡克启发了牛顿，牛顿由此发现了行星间的引力与距离的平方成反比这一定律。事实上，胡克和牛顿反目，就是因为他认为牛顿没有把这个想法归功于他——还有另一个关于光学问题的争议。

但胡克最重要的工作是用科学的新玩具进行的：显微镜。按照现代标准，胡克建造的装置还很原始，但在当时它是超乎寻常的。他的书《显微术》第一次向读者展示了——通过使用图形插图——生物放大看是什么样。他把所有东西都推到显微镜下，然后记下他所观察到的：植物，昆虫，奶酪，甚至还有他自己的尿。有时他的方法非同寻常，但富有灵感。胡克书中的一个著名的巨型跳蚤插图是在白兰地的帮助下制成的。就是靠白兰地，胡克才能让他这个爱吸血的模特乖乖地停在显微镜下。正如胡克所记录的那样："我给了它一些白兰地或酒精，一段时间后它甚至会烂醉如泥。"

胡克在《显微术》中为这个生物单元创造了"细胞"（cell）一词。胡克在显微镜下观察，认为它们看起来与蜂房的巢室相似，于是这个词有了新含义。《显微术》可能是自欧几里得的《几何原本》以来第一本成为畅销书的科学著作。自从两世纪前印刷术出现以来，《几何原本》就销量稳定。塞缪尔·佩皮斯熬夜读了《显微术》，宣称它是"我生命中读过的最有独创性的书"。这本书保持这一位置20年，直到佩皮斯读了牛顿突破性的《自然哲学的数学原理》——佩皮斯以皇家学会会长的身份许可这本书出版。就像在其他许多方面一样，胡克命中注定要被多刺的牛顿比得黯然失色。

> “分歧”（diverge）、“门垫”（door-mat）、“松动”（loosening）、“动物园”（menagerie）和“半影”（penumbra）等一些有用的词语，在《显微术》一书中首次被印刷出来。

开拓者

很少有女性作家比玛格丽特·卡文迪什（Margaret Cavendish）更多才多艺。在几乎没有任何女性以自己的真名发表作品的年代，卡文迪什自豪地在她的书的标题页上甩下了她的签名，宣布她的作者和女性身份。她写了大量的诗歌、案头戏剧、自传式回忆录、道德寓言，甚至还有科学论文。事实上，卡文迪什是第一个出席皇家学会会议的女性，这是又一份证据，说明她的兴趣远远超出文学范畴，进入了（当时几乎完全由男性占据的）科学领域。作为一位保皇党人，在英国内战之后，她在法国流亡多年，在那段时间里，她和著名的法国哲学家笛卡尔共进晚餐。她可以被称为一个文艺复兴女性，虽然从历史角度讲，她出生于 1623 年，并在 17 世纪下半叶写出大多数成熟作品，其活动年代应属于稍晚的王政复辟时期。

在她的许多作品中，最引人注目的是一部名为《燃烧的世界》（*The Blazing World*）的短篇小说。它或许是一个早期的短篇故事，出版于 1666 年，正是伦敦在大火中燃烧的那一年。卡文迪什的书讲的是一个虚构故事：年轻女子通过北极，去了一个幻想世界旅行。在这个幻想世界中，卡文迪什的女主角与皇帝结婚，并与居住在这片土地上的各种动物与人类的混合体交谈：鸟人、熊人、鱼人、虫人。书中也讨论了最新的科学发现和进展，包括显微镜的发明（几乎可以肯定，卡文迪什阅读了前一年出版的胡克的《显微术》）。在那个世界里，有一种反过来的显微镜：熊人创造了一种设备，能将大型动物缩小，这样一头鲸就变得像鲱鱼，一头大象变得像跳蚤（这是向胡克的书的又一次致敬）。

事实上，很多方面，《燃烧的世界》奇怪地预见了刘易斯·卡罗尔（Lewis Carroll）两个世纪之后出版的爱丽丝系列故事。两部作品都有一位女主人公离开我们的世界前往一切都颠倒过来的幻想世界，而且两部作品似乎都在评论当代科学的争论。卡文迪什的颠倒显微镜就是一个很好的例子。

《燃烧的世界》是乌托邦传统的一部分，这个流派是由托马斯·莫尔爵士在一个半世纪前命名的。其实，它是整个 17 世纪出版的乌托邦小说中唯一出自女性作者之手的。但它也被称为早期的科幻小说。它的影响也许在阿兰·摩尔（Alan Moore）的系列图像小说《非凡绅士联盟》（*The League of Extraordinary Gentlemen*）中体现得最明显。其故事背景设定是对卡文迪什《燃烧的世界》的致敬。

然而，在许多个世纪里，卡文迪什的作品被遗忘了，它在公共图书馆的角落里发霉。在弗吉尼亚·伍尔夫《一间自己的房间》（*A Room of One's Own*）那令人难忘的短语中，她说卡文迪什遭遇了一棵巨大的黄瓜，黄瓜将枝叶伸展到了花园里所有的玫瑰和康乃馨之上，使它们窒息而死。事实上，许多评论家在接近卡文迪什的作品时小心翼翼，好像生怕她的书会突然转身把他们的手咬下来。《燃烧的世界》颠覆且大胆，尤其是它超越传统的体裁界限的方式。它是什么？它是乌托邦小说、原型科幻小说、冒险故事、科学论文和散文传奇故事的合一。这就是它异常引人入胜的原因。

费恩斯的旅行方式

与玛格丽特·卡文迪什不同，西莉亚·费恩斯（Celia Fiennes）——一本非凡游记的作者——是英国内战期间支持奥利弗·克伦威尔（Oliver Cromwell）的议会派人士的女儿。费恩斯出生于 1662 年，那是内战结束后十多年，英国君主制恢复、查理二世加冕为国王之后两年。（在 1649 年议会处决查理一世和 1660 年他的儿子查理二世流亡归来之间，英格兰有十一年时间没有国王。）

在其他方面，费恩斯也正好和玛格丽特·卡文迪什相反。她从未结婚。她对写小说或戏剧没有特别的兴趣。但是，两位女性都热衷于用写作来娱乐家人。在她 20 多岁时，费恩斯开始骑在马背上到英国各地旅行，只有几个仆人相随。她描写那些她去过的地方，从威尔特郡的巨石阵到国家另一端的纽卡斯尔。她以这些描写款待她的亲戚。当时，旅游日记流行开来，费恩斯也深受影响，不过她只是为朋友和亲人而做记录，压根儿没试图发表她的游记。

她的游记不仅仅是她去过的地标和建筑的记录。一方面，它揭示了 17 世纪末期即使是富有的旅行者也会遇到的危险和不适。她告诉我们，她在伊利（Ely）住的时候，是如何忍受房间里的“青蛙、无脚蜥蜴和蜗牛”，以及她是如何在切斯特附近被拦路抢劫的强盗劫持的。但也有其他的一些事情使她的旅行更容易。1697 年，在她开始“到纽卡斯尔和康沃尔的伟大旅程”的前一年，议会的一个法案要求在十字路口放置路标，以减少旅客迷路（这并未完全奏效：费恩斯仍然经常搞不清自己身处何处）。几个世纪前，在玛格丽·肯普的年代，你通常需要特别的许可才能在这个国家四处走动，否则你就有可能被当作流浪汉而被抓起来。当费恩斯骑马周游不列颠时，这种漫游是受到积极鼓励的。最终，她访问了英格兰的每一个郡，以及苏格兰和威尔士——虽然她哪个都不太喜欢。

费恩斯是温泉治疗的早期使用者，她前往哈罗盖特（Harrogate）去用那里的水（她更喜欢巴斯的水，她描述哈罗盖特水的气味“令人讨厌，像是腐肉或厕所”）。她参观了许多堂皇的人家，这是一种古怪的现代消遣方式。事实上，费恩斯身上无处不体现出现代特色。她更偏爱新的城市诺丁汉，而不是像约克这样已经有几个世纪历史的地方。与一个世纪以后的浪漫主义者不同，她对废墟没有真正的热爱，而喜欢更新的乡村住宅和繁华的工商业贸易中心。矿山在她的游记中位置尤其显赫。

在费恩斯的游记 20 多年之后，笛福才出版了他的《英伦全岛之旅》（*Tour thro' the Whole Island of Great Britain*，1724—1727）——另一部有名的英语旅行著作。费恩斯在这方面是一个开创性的人物。甚至有人提出童谣“骑着一匹雄鸡到班伯里十字路口”写的就是她：她是“骑白马的好夫人（Fine lady）”（与 Fiennes lady 谐音?）。至少这种理论是这样说的。有意思的想法，但不太可能。

后来浪漫主义运动的领军人物罗伯特·骚塞（Robert Southey）在 1812 年首次发表了她的游记摘录。这本游记几乎是 80 年后才以《横坐马鞍游英国》（*Through England on a Side Saddle*）的名字在 1888 年出版了一个并不完美的抄本。（一个完整的、更正过的版本最终在

1947年出版。）费恩斯家族的血液渴望冒险：她的后代之一是探险家雷纳夫·费恩斯（Ranulph Fiennes）。

克鲁索：续集

丹尼尔·笛福（Daniel Defoe）1719年的著作《鲁滨逊漂流记》（*Robinson Crusoe*）经常被称为第一本英文小说。它讲的是一个人经历沉船后在一个荒芜的海岛上生存的故事。1719年第一版的标题页上啰里啰唆的标题如下："来自约克的水手鲁滨逊·克鲁索的生活和奇怪惊人的冒险：他独自一人在美洲沿岸靠近奥罗诺克（Oroonoque）大河口的荒岛上生活了28年；在海难中，除他之外的所有人都遇难了。它同时记载了他最后如何奇怪地被海盗解救。"

这本书没有笛福的名字，而是作为一个名叫克鲁索的真实人物记录的真实事件呈现在公众面前的。但读者立刻起了疑心。在小说出现的同一年，一个名叫查尔斯·吉尔丹（Charles Gildon）的人就出版了《审查和批评鲁滨逊·克鲁索》（*Robinson Crusoe Examin'd and Criticis'd*），其中他表明克鲁索是编造的，小说的事件是虚构的（不过很少有人为此而困扰，那时小说和非小说之间的界限还没有变得如此重要）。

> 克鲁索的名字可能取自蒂莫西·克鲁索（Timthoy Cruso）。他曾是笛福的同班同学，后来写起了旅行指南。

《鲁滨逊漂流记》的故事很有名，但很少有人知道笛福写的两本续集——更不用说读过。《鲁滨逊漂流记之更远的探险》（*The Farther*

Adventures of Robinson Crusoe）是同一年晚些时候出版的，而《鲁滨逊漂流记之严肃的反思》（*Serious Reflections of Robinson Crusoe*）出版于1720年。《严肃的反思》基本是重新包装了笛福的非小说作品，放在利润丰厚的克鲁索品牌下出版，但《更远的探险》值得被更多人知道。这部续集中克鲁索在妻子去世后回到了英格兰；然后，在忠实的仆人星期五去世后，克鲁索去了马达加斯加、远东和西伯利亚，十年后回到英国。

亚历山大·塞尔柯克（Alexander Selkirk）的真实故事并不是笛福写《鲁滨逊漂流记》的唯一信息来源。许多学者和历史学家，包括蒂姆·塞韦林（Tim Severin）在他的书《寻找鲁滨逊·克鲁索》（*Seeking Robinson Crusoe*）中，都对这种普遍观点提出质疑。塞韦林引用了一个叫亨利·皮特曼（Henry Pitman）的人的例子。这个人写了一本小书，讲述他从流放地逃跑、遭遇沉船、流落荒岛生活之后，在加勒比地区的冒险。皮特曼逃离了一个流放的殖民地，随后遭遇沉船，并在一个荒岛上生存。皮特曼似乎和笛福住在同一个地方，笛福可能亲自见过他并了解他的经历。两人都参加了1685年的蒙默思叛乱（Monmouth Rebellion），这也能说明些问题。（事实上，笛福只是很侥幸地逃过了可怕的杰弗里法官的死刑判决。）

真有一个地方叫作鲁滨逊·克鲁索岛，但它不是《鲁滨逊漂流记》中的岛屿。让我来解释一下：笛福流落的小岛位于加勒比海，但是鲁滨逊·克鲁索岛位于南太平洋。它这样命名是因为塞尔柯克的船曾在太平洋搁浅。小说往往比事实更容易让人产生共鸣，所以这个岛屿是以笛福的人物命名的，而不是真正在那里居住过的真人。奇怪的是，的确有一个亚历山大·塞尔柯克岛，位于鲁滨逊·克鲁索岛以西约100英里，但是它比一块岩石大不了多少。

迅速的成功（Swift Success）[①]

在笛福的《鲁滨逊漂流记》续集出现一年之后，乔纳森·斯威夫特（Jonathan Swift）开始认真创作自己的旅行冒险故事，故事也涉及一艘沉船、一个孤独的旅行者和一个岛屿（实际上，是好几个岛屿）。这将是一部讽刺性的幻想小说，将嘲笑当时流行的旅行者故事。由此产生的书于1726年出版，题目为《到世界远方国家的几次旅行，共分为四部分。作者莱缪尔·格列佛，起初是个外科医生，后来成了几艘船的船长》（*Travels into Several Remote Nations of the World，In Four Parts. By Lemuel Gulliver，First a Surgeon，and then a Captain of Several Ships*）。当然，我们现在叫它《格列佛游记》（*Gulliver's Travels*）。按照任何标准，这本书都算是畅销书：前三周就销售了10 000本。显然它从一开始就拨动了读者的心弦。

和《鲁滨逊漂流记》一样，《格列佛游记》以真实记录的形式呈现在读者面前，讲述了莱缪尔·格列佛的四次旅行。四次旅行中的第一次（也是最著名的一次）是去往小人国（Lilliput），即小矮人居住的王国。格列佛被赶出了小人国，因为小人国失火时，他撒了一泡尿帮助灭了火。这次搞砸之后，他的第二次旅行去了巨人国（Brobdingnag）——这里情况正好反过来，格列佛成了小矮人。第三次旅行的目的地是拉普他岛（Laputa）——一个莫尔《乌托邦》式的飞岛。那里的居民崇尚科学胜过一切。（斯威夫特极度怀疑现代世界对科学进步的推崇。）格列佛访问的第四个国家是慧骃国（Houyhnhnms），那里马具

① Swift既有迅速之意，也是斯威夫特的名字。——译者注

有理性，能够说话。反过来，人类却是在垃圾堆中打滚的肮脏野兽，名叫“耶胡”（Yahoos），这后来成了一个互联网搜索引擎的名字。乔治·奥威尔后来指出，斯威夫特喜欢马，因为在所有动物中，马的粪便是最不难闻的。有趣的是，斯威夫特还写过一本小册子，叫作《人类粪便》（*Human Ordure*）。它的书名页上署名为“S—t 博士”，既是“屎”（Shit），也是“斯威夫特”（Swift）。

当他回到家，格列佛意识到人类和耶胡多么相似——然后他迅速地陷入了沮丧之中，宁愿和他马房里的马说话（可惜它们不能像慧骃国的马那样谈话）。

尽管斯威夫特嘲弄且不信任科学，他的小说有时却不经意间走到了科学发现的前列。有一次，他写到火星是由两颗卫星环绕的。这在当时看来是异想天开，但这两颗卫星在 150 年后被发现了。（为了纪念他的预言，两颗卫星之一戴莫斯上的一个火山以斯威夫特命名。）

帕特·罗杰斯（Pat Rogers）在他的文章《格列佛的眼镜》（*Gulliver's Glasses*）中声称，格列佛是英文小说的主角中第一位戴眼镜的。他去小人居住的另一个岛不来夫斯库（Blefuscu）时，小人国居民用箭射他，他用透镜作为盾牌。看起来，科学有时候也有点儿用。

1726 年出版以来，斯威夫特的经典著作已经有众多被删改的洁本。这些是给儿童的版本，把政治上复杂难懂的内容或是猥亵的内容删除了。但其实，1726 年的版本已经是个洁本。令斯威夫特惊骇的是，当他翻看第一版《格列佛游记》的时候，他发现他的出版商本杰明·莫特（Benjamin Motte）故意淡化了许多部分，特别是那些最尖锐地讽刺当代事件并可能使斯威夫特更多是使莫特本人惹上麻烦的部分（它也充满了错别字）。这本书按照斯威夫特自己的想法出版还要到 18 世纪 30 年代。

我们经常为精神的热烈而赞美文学巨著：我们谈论莎士比亚的人道、华兹华斯的同情、乔治·艾略特的人文感受能力。但斯威夫特处在一个相当不同的传统里。我们污秽的身体和腐朽而执迷不悟的态度让他作呕。然而他的《格列佛游记》是一部伟大的作品。或许这部小说的关键是讽刺。它意味着我们永远不确定何时斯威夫特是认真的，何时他又是在开玩笑，何时他在邀请我们分享格列佛的视角，何时他希望我们敲打这个傻子的脑袋。这也是永恒经典小说的标志之一：多面性。《格列佛游记》有多个侧面，我们无法简单概括。

消失的戏剧

人们普遍认为，18 世纪 30 年代的英国剧院失控了。大量年轻剧作家，在亨利·菲尔丁（Henry Fielding）的带领下，在一系列舞台讽刺剧中，讽刺国家领袖——罗伯特·沃波尔爵士（Sir Robert Walpole），也是全国首个事实上的首相。讽刺是允许的：当它被限制在像《格列佛游记》这样的小说里时，但更为重要的是，在它没把沃波尔的鼻子气歪的时候。沃波尔丢了面子（虽然他在议会保住了多数席位），并决定要做些事情，所以他开始寻求人们支持戏剧审查。

对沃波尔来说幸运的是，在一出叫作《金臀》（*The Golden Rump*）的新戏中，他发现了自己需要的弹药。沃波尔声称从一位紧张的舞台经理那里获得了这出戏的一份剧本。这出戏是对英国王室的污秽讽刺，它瞄准了乔治二世国王，特别是他的肠道问题：据报道，舞台背景是一对巨大的臀部，角色穿过肛门进入舞台。沃波尔在下议院大声朗读了剧本的节选，为自己的道德讨伐擂响战鼓。

这出戏的剧本没有流传下来，但这可能是因为它压根儿就没有存在过。许多评论家，包括菲尔丁自己，都指责沃波尔自导自演了整个事件。不管实情如何，《金臀》给了沃波尔他想要的东西，从1737年起，按照《许可法》（“The Licensing Act”），戏剧审查制度被引入英国剧院。这一举措意味着宫务大臣（Lord Chamberlain）不得不阅读每一个要在英国舞台上演出的剧本，并且确保它没有违背关于什么允许描绘、什么不允许描绘的法律。讽刺政府和皇室是绝对不允许的。突然间，英国的剧院成了无聊的地方，至少新的喜剧都乏善可陈。《许可法》解释了为什么在接下来的200年里英国舞台上没有出现许多真正具有突破性的剧作家——除了少数人，比如谢里丹（Sheridan）、王尔德（Wilde）和肖（Shaw）。

18世纪30年代的过激行为还导致了其他方面的限制：众所周知，美国在1920年引入了禁酒令，而伦敦为了应对1736年首都的杜松子酒问题，也实行禁酒令，尽管只针对烈酒。1743年，伦敦的禁酒令因为彻底的失败而被废除了（就像两个世纪之后的美国禁酒令一样）。

然而，奇怪的是，对英国的文学和印刷文化来说，强制执行戏剧审查差不多是最好的一件事。出版自由没有受到类似的限制，而18世纪是真正的报纸的时代：每天似乎都有一个新的期刊在大都市里冒出来。《绅士杂志》（*The Gentleman's Magzine*）——第一本将自己定位为杂志而非报纸或期刊的英文刊物，于1731年在伦敦设立办事处。在随后的几十年里，它蓬勃发展。

与此同时，那些因为《许可法》而戏剧不能上演的讽刺作家转向了新兴的文学形式。《许可法》对于菲尔丁来说格外有利。现在没有人会读他18世纪30年代的舞台讽刺剧，但是他发现在小说中可以对当代社会——很大程度上还有它的政治领导人——评头论足。这远远胜过了在宫务大臣紧盯着的舞台上所能做的。之后菲尔丁作为一个小说家有了成功的事业，创作了《约瑟夫·安德鲁斯》（*Joseph Andrews*）（1742）、《阿米莉亚》（*Amelia*）（1751）以及最有名的《汤姆·琼斯》（*Tom Jones*）（1749）。他甚至还有时间组织了弓街捕快（Bow Street Runners），即首都警队（Metropolitan Police Force）的前身。

《许可法》将会在之后的两个世纪里成为英国剧院的特色，直到于20世纪60年代被终结。决定性的时刻于1968年来到，一位年轻的剧作家爱德华·邦德（Edward Bond）写了一部戏剧《拯救》（*Saved*），其中有一个有争议的场景：一群十几岁的暴徒把一个婴儿乱石砸死。宫务大臣拒绝批准戏剧上演，这促使劳伦斯·奥利弗（Laurence Olivier）写信给《观察家报》（*Observer*），为邦德的题材辩护。其他人加入了他的行列，然后《许可法》被撤销了。

定义时代（Defining the Age）①

年轻的塞缪尔·约翰逊（Samuel Johnson）于1737年3月抵达伦敦，那是《许可法》生效前的几个月。他的同伴是当时还不知名的年轻人大卫·加里克（David Garrick），三年内他将有一场轰动的戏剧在伦敦的舞台上演，一个名为《忘川》（*Lethe*）的讽刺剧（由于最近引入的审查制度，这个讽刺剧比菲尔丁的更加温和）。约翰逊也渴望为剧院写剧本，但是他写的一个主要剧本《艾琳》（*Irene*）终于上演时，反应却不温不火。在接下来的50年里，他还会着手写一本小说、《拉塞拉斯》（*Rasselas*）、几十首诗、一些有影响力的文学评论和传记，以

① 这里的定义一语双关，既是定义单词，也是定义时代。——译者注

及无数的报刊文章。但约翰逊主要为人铭记的是他于1755年首次出版的两大卷词典。

约翰逊词典并不是第一本英文词典，在他之前，曾经有过几个类似的作品。理查德·马尔卡斯特（Richard Mulcaster）在16世纪编纂了英文单词列表（尽管没有定义），而1604年罗伯特·考德雷（Robert Cawdrey）的字母表（Table Alphabeticall）出现了。编纂词典既需要从零做起，也需要借鉴与提升。约翰逊词典大量使用了内森·贝利（Nathan Bailey）的《通用英语词源词典》（*A Universal Etymological English Dictionary*）（1721），而那本书又是依靠了约翰·克西（John Kersey）的《盎格鲁-不列颠词典》（*Dictionarium Anglo-Britannicum*）（1708），而那本书毫不客气地大量借用了约翰·哈里斯（John Harris）的《通用英语艺术与科学词典》（*An Universal English Dictionary of Arts and Sciences*）（1704）。但是这些词典没有一个达到了塞缪尔·约翰逊词典的规模。约翰逊在1755年计划编纂的是一个更大规模和范围的词典。这将耗费他九年的时间。

约翰逊词典甚至不是1755年出版的唯一一本词典。在同一年，斯科特·贝利（Scott Bailey）的《新通用英语词源词典》（*A New Universal Etymological English Dictionary*）也出现在伦敦的书店。

最终是约翰逊的词典在图书的历史上留名。为什么？一件对其有利的事情是，它是第一个为单词使用引文的词典。它引用了莎士比亚、斯宾塞、弥尔顿和其他无数文学资源。事实上，约翰逊编这本词典的意图之一就是帮助读者理解英语文学的大师们。另一件对其有利的事情是，它的定义准确（相对的）：尽管约翰逊并不总是一语中的，但他的成功率比他的前辈有了相当大的提高。例如，贝利词典将“猫”定义为“众所周知的生物”，而“山羊”是一种“野兽”，“草莓”只被描述为“一种知名的水果”，“黑”是“一种颜色”，“阴茎”是“一个男人的院子”。你不能说这些定义有事实错误（总的来说），但是它们确实留下了一些改进空间。然而，贝利词典包括了“肏”（fuck）和“屄”（cunt）两个词，这是约翰逊词典所没有收录的。实际上，直到1965年的两百年间，几乎所有的英语词典都没有收录它们。

尽管规模空前，但是约翰逊词典还远未达到无所不包的程度——即便以18世纪中期的标准来看。第一版包含42 773个条目，数量相当可观，但据估计，即使在约翰逊的年代，英语也有25万个词。约翰逊没有包含以X开头的单词，因为“在英语中没有任何词以X开头”。如果你想知道的话，木琴（Xylophone）是19世纪中叶以来才在出版物中出现的。不过，这与150年前考德雷的词典相比依然有改进，考德雷的词典没有收录任何W、X或Y开头的单词（是的，没错!）。

约翰逊给“燕麦”下的那个著名定义——“一种粮食，在英格兰通常用来喂马，但在苏格兰用来给人吃”——在约翰逊的时代是一句古老的妙语，而他可能是从罗伯特·伯顿（Robert Burton）的《忧郁的解剖》（*The Anatomy of Melancholy*）中得来的。无论如何，当约翰逊写下这行文字时，他是在开玩笑。亨利·希钦斯（Henry Hitchings）在他引人注目的著作《约翰逊博士的词典：定义了世界的那本书的非凡故事》（*Dr. Johnson's Dictionary*：*The Extraordinary Story of the Book that Defined the World*）中指出：当约翰逊的传记作者詹姆斯·鲍斯威尔（James Boswell）在多年以后访问约翰逊的老家利奇菲尔德（Lichfield）时，他惊讶地发现，斯塔福德郡燕麦饼（Staffordshire oatcakes）是当地人最喜欢的食品。

人们经常讲述约翰逊和寻找不雅单词的女士们之间的对话，但这可能是后人编造的，虽然人们谈论词典时它总会出现。故事是这样的，伦敦社会的几位有教养的女士祝贺伟大的博士在词典中没有收录任何不雅的言语，约翰逊反问道："女士，所以你一直在找它们?"但我们有几个理由相信这个故事是杜撰的，主要的一个是，约翰逊也收录了一些会得罪一本正经的18世纪淑女的词，比如"屁股"（bum）、"放屁"（fart）、"屁股"（arse）、"尿"（piss）和"狗屎"（turd）。不过，与性相关的词汇的确没有录入词典，甚至更偏向医学术语的词也没有收录，比如"阴茎"（penis）和"阴道"（vagina）（尽管约翰逊在定义另一个词的时候用到了"阴道"一词）。

他也漏掉了"土豚"（aardvark）一词，这是埃德蒙·布拉凯德（Edmund Blackadder）后来将会观察的东西。但是，为约翰逊说句公道话，他不应为此受指责：对这个词最早的引用是在1785年，即约翰逊去世的那一年。

第五章　浪漫主义时代

浪漫主义时代紧随启蒙时代而来，并在很多方面回应了后者。其回应的方式，就是拒绝了它的许多指导原则。启蒙时代倡导秩序和理性，浪漫主义则追求革命、情感、想象和回归自然。浪漫主义者让他们的心灵，而不是他们的头脑，来统治他们的决定。而说到统治，富裕、养尊处优、教养良好的人统治得太久了，该到人民有发言权的时候了。自由，而不是暴政，是他们的口号。

当然，这是对两个时代的分歧的过度简化，其实在许多方面，两者存在交叉。更亲近华兹华斯（Wordsworth）而非罗伯特・沃波尔的革命作家托马斯・潘恩（Thomas Paine）写了一本名为《理性时代》（*The Age of Reason*）的书，倡导理性处理宗教问题。浪漫主义发展了启蒙运动的价值观，并挑战了其对理性主义和秩序的强调。但浪漫主义者无疑在历史的繁忙时期让事物向前推进。

这种态度的转变始自何时？始自 1789 年法国大革命开始的标志围攻巴士底狱？还是那个更早些的革命美国独立战争以及 1776 年签署的《独立宣言》？或者，甚至可能比这更早，始自 1762 年让-雅克・卢梭（Jean-Jacques Rousseau）发表他的《社会契约论》（后面详述）？

这种对“开始”的追求总是充满了问题。但浪漫主义的精神——在某种程度上，这是对我们在前一章中所看到的秩序的一种（部分）拒绝——似乎在 18 世纪 60 年代就已经存在了。那时，不知情的公众面前出现了三个惊人的文学伪造物。三个文本——虽然它们都是假货——标志着书的世界中出现了新东西。亨利·菲尔丁和约翰逊博士恐怕不会欣赏这些东西（事实上，约翰逊带头对其中一个伪造者发起攻击，谴责他是撒谎者和欺诈者）。这三个伪造的文本分别是苏格兰作家詹姆斯·麦克弗森（James Macpherson）声称从真实盖尔语来源收集的奥西恩（Ossian）诗歌（但可能是他自己写的）；虚构的 15 世纪僧侣托马斯·罗利（Thomas Rowley）写的中世纪诗歌，而这实际上是由一个名为托马斯·查特顿（Thomas Chatterton）的 18 世纪少年写的；霍勒斯·沃波尔的小说《奥特兰多城堡》。这三个假冒的文本都是对那个一本正经又谨小慎微的世界、那个如塞缪尔·约翰逊的词典或是胡克的《显微术》所体现的那样注重科学分类和智识省察的世界的迎面一击。即使是玛格丽特·卡文迪什也会大吃一惊。

尽管浪漫主义时代在英国是短命的——在 19 世纪 30 年代它就会让位于维多利亚时代——它却对书籍世界产生了决定性的影响，它给了我们几种新的小说类型，并且点燃了不止一场革命的火焰——两场。如果你的水仙花准备好了，就让我们来点儿浪漫吧。

哥特热潮

罗伯特爵士（Sir Robert）之子霍勒斯·沃波尔被誉为“写出了第一本真正的哥特小说”。但奇怪的是，起初，霍勒斯·沃波尔甚至没有把他的名字印在小说上。他这么做是有原因的。

沃波尔 1764 年的书《奥特兰多城堡》以一己之力开创了哥特小说这个类型（尽管正如我在前面的章节中论述的那样，我们现在所熟悉的哥特式的恐怖在此之前已经存在）。沃波尔声称这个故事来自一卷真正的中世纪手稿，最近才被发现和翻译。文坛人士纷纷购买这本令人兴奋的新书。一年之后，当这本书重印时，沃波尔又添加了一个序言，坦白说整个事情都是他编造的。

在这样做时，他不仅开创了一个新的文学类型，也确立了哥特故事的一个常见的特征：声称“发现”了一份手稿。今日哥特故事的许多特征，比如地下秘密、阴郁的城堡、神秘的幽灵，从一开始就出现在了沃波尔的小说中。如果没有沃波尔，恐怕就不会有埃德加·爱伦·坡（Edgar Allan Poe）、《弗兰肯斯坦》（*Frankenstein*）、《德拉库拉》（*Dracula*）或是斯蒂芬·金（Stephen King）。这篇短短的小说开创的不仅是一个流派，还是一种全新的写作风格。

马修·刘易斯（Matthew Lewis）以其 1796 年的哥特小说《修道士》（*The Monk*）而闻名于世。当他病危于牙买加到英国的船上时，他将遗嘱写在了仆人的帽子上。

沃波尔从梦中得到了这部小说的想法。他醒来时，唯一能记得的是：“在一座古老的城堡里（对于我这个充满哥特故事的头脑，这是一个非常自然的梦），在一个大楼梯的最上面的栏杆上，我看见一只戴着护甲的巨大的手。当晚我坐下来，开始写作，丝毫不知道我打算说什么或写什么。”故事的剩余部分，正如人们所说，已经是人所共知的历史——或者说断然不是历史，而是虚构的，整个事情是从沃波尔的想象中跳出来的。

《牛津英语词典》把 200 多个新短语的出现归功于沃波尔，其中包括“强壮”（beefy）、“疟疾”（malaria）、“细微差别”（nuance）、“阴沉”（sombre）和“纪念品”（souvenir）。毫无疑问，他最著名的新词是“喜运”（serendipity），意为“发现意外之喜的能力”。他在1754年的一封信中创造了这个词。在信中，他重述了“三个塞伦迪普（Serendip）王子”的“愚蠢的童话”。塞伦迪普是斯里兰卡的名字。这个故事是现存最早的侦探小说之一，它讲的是三个王子去追寻失踪的骆驼，但他们找到骆驼凭借的是好运，而不是任何侦查技能。“喜运”被认为是最难翻译的单词之一。

沃波尔对哥特式复兴的影响超越了文学。他在伦敦的房子——草莓山——是一个庞大的别墅，在规模和外观上接近城堡。沃波尔的房子变得如此有名，以至于不仅伦敦的一个区域以它命名——靠近特维克纳姆（Twickenham），在伦敦的里士满区（Richmond）——而且“草莓山哥特”（Strawberry Hill Gothic）还成了一种建筑风格的名称。

简·奥斯汀的历史

很多人知道，简·奥斯汀（Jane Austen）在《诺桑觉寺》中讽刺了当时的哥特小说。尽管那部小说直到她死后才出版，但这是她六部小说之中最早写完的，当时她还只有20多岁。事实上，年轻的简·奥斯汀的作品是令人着迷的。当她还是个少女的时候，这位萌芽期的作者将她的少作收入三个手订本中。在她最早的故事之一《美丽的卡桑德拉》（*The Beautiful Cassandra*）中，女主角（原型是简的妹妹）从商店里偷了帽子，还揍了一个厨师。

这三本中最有趣的要数第二本，其中包含了对小说的早期尝试，奥斯汀将其命名为《爱情与友谊》（*Love and Freindship*）（原文如此）。她后来将手稿修改为一本小说，改名为《傲慢与偏见》（*Pride and Prejudice*）。

但是和《傲慢与偏见》的早期草稿一起，奥斯汀还有一部非小说作品《英格兰历史——从亨利四世时代到查理一世去世》。它完成于1791年11月17日，但直到1922年才带着G. K. 切斯特顿（G. K. Chesterton）写的序言首次出版。

这本献给奥斯汀的姊妹卡桑德拉的《英格兰历史》，称其作者为一个“不公、偏颇、无知的历史学家”，这要比大多数历史学家更坦率。标题页上承诺，“这本历史书中很少出现日期”。

《英格兰历史》虽然篇幅短小，但它为奥斯汀的机智和讽刺提供了绝好的例子，日后这些将成为奥斯汀的标志。书中有揶揄的轻描淡写。她淘气地提到血腥玛丽（Bloody Mary）治下为新教信仰殉难的“一打”人，而实际数字是数百人。而伊丽莎白一世被描述为“人类的耻辱，社会的害虫”。在这样的时刻，奥斯汀显然是在嘲弄伊丽莎白的诽谤者。她本人似乎对这位童贞女王颇有好感：在《英格兰历史》中，这位荣光女王（Gloriana）的篇幅比其他任何君主都要多。

将奥斯汀置于英国文学文化史的何种位置，这一问题已经讨论颇多。尽管大多数人把她与她所处的乔治王朝、摄政时期联系在一起，并且指出她和亚历山大·蒲柏（Alexander Pope）、塞缪尔·约翰逊等18世纪精英之间的联系，但她写出成熟作品——那些让她今日为人所知的小说——却是在浪漫主义运动的高潮中，而这个艺术运动恰好挑战了蒲柏和他的圈子所支持的许多古老的观念。

革命时代

“傲慢与偏见”这个短语作为简·奥斯汀最著名的小说的名称而不朽于世。然而奥斯汀并不是它最初的使用者。它在短时间内迅速出现了三次，先是出现在范妮·伯尼（Fanny Burney）1782 年的小说《塞西莉亚》（*Cecilia*）中，又出现在 1776 年的两个重要作品爱德华·吉本（Edward Gibbon）的《罗马帝国衰亡史》（*The Decline and Fall of the Roman Empire*）和托马斯·潘恩的《常识》（*Common Sense*）中。

潘恩（1737—1809）出生在诺福克郡（Norfolk）的塞特福德（Thetford），曾经多次创业，悉数失败，然后他穿越大洋[①]前往美国，在那里他作为小册子作者，在煽动革命方面起了重要作用。在他的著作激起反抗之后，潘恩前往法国去支持法国大革命——至少是早期不那么血腥的革命。他在美国独立战争中的老盟友、爱尔兰裔辉格政治家埃德蒙·伯克（Edmund Burke）反对法国大革命，写了一本小册子《法国革命论》（*Reflections on the Revolution in France*，1790），谴责革命者的行动。作为回应，潘恩在 1791 年和 1792 年分两卷出版了一本小册子《人的权利》（*Rights of Man*），支持取消法国君主制和贵族制的想法。然而，潘恩反对处决国王路易十六（Louis XVI），而且他原则上反对死刑。这是 1793 年他陷入麻烦——以及监狱——的部分原因。

除了《常识》和《人的权利》，潘恩的另一部伟大著作是《理性时代》（1793—1794），并且这仍然是他最具可读性也是最有趣的一本书。这本书的前面部分写于他在巴黎囚室时。在《理性时代》中，潘恩对《圣经》进行了严格的审查和批评。他的目的是通过强调《旧约》和《新约》中的不一致和不协调，证明《圣经》不是上帝的话语，而是一堆人造的文字。潘恩说，如果你愿意的话，尽管去崇拜上帝，但不要以为《圣经》是上帝的神圣话语。

他的语气经常是随意的，甚至是轻浮的。看看他讲述亚当和夏娃

---

① 指大西洋。——译者注

的创世故事："基督教的神话家，把撒旦关在地狱里之后，为了使寓言继续下去，又不得不把他放出来。他被变为一条蛇放到伊甸乐园里。在这样的情形之下，他跟夏娃作了相熟的谈话。夏娃毫不吃惊地听这条蛇讲话。经过密谈，他引诱她吃一个苹果，而一吃那个苹果，人类就遭了殃。"我们无法想象，弥尔顿的《失乐园》要是使用这样日常的语言，怎么还能保有它的冲击力。

"从崇高到荒谬"（from the sublime to the ridiculous）这个短语要归功于潘恩。

潘恩的同代人有时感觉他对《圣经》故事的机智和滑稽态度有些过分了。例如，据说被声称为罪人或被误认为妓女的抹大拉的玛利亚是第一个见到复活的耶稣的人。潘恩写道："她是个交游广阔的女人；并非妄加揣测地说，她那时可能在街上。"在这样的时候，许多人批评潘恩的语言"低俗"。也就是说，潘恩的写作方式既吸引中产阶级，又吸引工人阶级。但潘恩是故意这样的。这是他平等主义天性的一个侧面，他渴望触及普通人。

对潘恩最持久的"指控"之一是他是一个无神论者。事实上，正如他在《理性时代》中反复申明的那样，他是一个自然神论者（即相信有一个造物主，但不相信有一个介入人类生活的上帝），他的目的是捍卫上帝，防止《旧约》和《新约》将其曲解。相反，他声称自己的《理性时代》是对当时正在法国兴起的无神论的反戈一击。

但是，这种智力上的细微差别似乎超出了他的大部分朋友和同伴的理解。1809 年他去世时，只有六个人参加了葬礼。时至今日，没有人确切知道他的骨头在哪里。在美国，他受到的评价仍然要高于他在自己的国家受到的评价。然而他的影响是相当大的。正如他 1789 年给乔治·华盛顿的一封信中所说的，“参与两场革命可算不虚此生”。

第一位女权主义者?

为了回应伯克的《法国革命论》（1790），潘恩写了《人的权利》（1791—1792），同时，另一位作者也发表了一个“人的权利”式的回应。她的名字是玛丽·沃斯通克拉夫特（Mary Wollstonecraft），她的书只比伯克的书晚出版几个星期，名为《人权辩护》（*A Vindication of the Rights of Man*）。沃斯通克拉夫特主张共和主义，反对贵族和世袭特权，就像她的朋友潘恩一样。但是沃斯通克拉夫特如今被人铭记是因为这本书的续篇。

沃斯通克拉夫特如今主要以两件事为人所知。第一是作为玛丽·沃斯通克拉夫特·戈德温（Mary Wollstonecraft Godwin）的母亲，即后来《弗兰肯斯坦》的作者玛丽·雪莱（Mary Shelley）。第二是写了一本名为《女权辩护》（*A Vindication of the Rights of Woman*）（1792）的书，这是一个具有里程碑意义的女性主义文本。

在《女权辩护》中，沃斯通克拉夫特认为，女性应该接受更好的教育，因为基本上要靠她们来教育下一代。更全面的教育也会使她们成为丈夫更好的伴侣。这与 250 年前托马斯·埃利奥特（Thomas Elyot）的主张大体相当，但是沃斯通克拉夫特显著地改进了埃利奥特的观点。沃斯通克拉夫特也拒绝承认女性天生不如男性聪明的想法，她指出女性缺乏教育才是症结所在。这本书非常受欢迎，并在众多主要期刊上得到好评。

然而，并非每个人都赞同《女权辩护》中提出的论点。事实上，对沃斯通克拉夫特的书的反对与近期对同性婚姻的反对惊人地相似。一个名叫托马斯·泰勒（Thomas Taylor）的人匿名发表了《动物权利辩护》（*A Vindication of the Rights of Brutes*），作为恶搞式的回应，将沃斯通克拉夫特的论证延伸到动物、蔬菜乃至“显然最为可鄙的土坷垃”的平等权利（这里可能需要注意，泰勒早些时候是沃斯通克拉夫特的地主）。《女权辩护》甚至给沃斯通克拉夫特招来了“妓女”的名声：一个主教称她为“淫荡行为的倡导者”（advocate of priapism）（普里阿普斯，Priapus，是希腊神话中的生殖之神，通常被描绘为有着强劲的勃起）。因为在她的一部著作中，她竟敢提到“生殖器官”（organs of reproduction）。

《女权辩护》如今被视为早期的女权主义著作，也许令人惊讶的是，沃斯通克拉夫特对同时代的女性往往持有深刻的批评。她在自己的第一本书《女教论》（*Thoughts on the Education of Daughters*，1787）中已经呼吁提升妇女教育，这次她又回到这个观点。但是女权主义评论者自此开始批评《女权辩护》，认为沃斯通克拉夫特似乎嘲笑和贬低她同辈的女性，有人甚至指责她是一个不情愿为女人的女人——她在内心深处希望自己生为男人。然而，这样的批评有可能忽视了沃斯通克拉夫特的完整观点：一个剥夺了大多数女性充分教育机会的社会不可避免地会将女性排除在知识生活的前沿之外。但是《女权辩护》做了它所需要做的：它激起了关于这个话题的争论，而且它仍然是女权主义文献的核心著作——这一切都发生在“女权主义”这个词出现之前。正是沃斯通克拉夫特这样的人确保了它将会出现。

另一个达尔文

在 19 世纪，两个名叫达尔文的人出版了关于进化论的“起源”

书。人人都知道的是查尔斯·达尔文（Charles Darwin），其《物种起源》（*On the Origin of Species*）出现在1859年。但鲜为人知的是，他的祖父伊拉斯谟·达尔文（Erasmus Darwin）也出版了进化的理论：最初名为《社会的起源》（*The Origin of Society*），之后更名为《自然的圣殿》（*The Temple of Nature*），于1803年出版。

伊拉斯谟·达尔文的成就相当可观。他的医术精湛，曾被邀请成为乔治三世的御用医生，不过达尔文拒绝了。他的一首诗《植物园》（*The Botanic Garden*）提出了大爆炸理论：一种“物质”“点燃了百万个太阳”。这首诗也是英语写作中最早提到“氢”的。他也是一个不安分的发明家，设计了一台复印机和一台讲话机来向朋友炫耀，尽管这两个设计都没有获得专利。他似乎也喜欢吃东西。作为永远的创新者，他对日渐增长的腰围的回应不是节食——这件事当时还没有真正流行起来——而是在餐桌上切了一个孔，以便容纳他那可观的腰围。他还活跃于伯明翰的“月社”（lunar society）——当地的一群思想家每月在满月的夜晚聚会一次，讨论政治改革（其中包括支持法国大革命，直到它变得太血腥了）。同时，除了查尔斯·达尔文这个孙子，他还有另一个孙子叫弗朗西斯·高尔顿（Francis Galton）——他因支持优生学（eugenics）而恶名昭彰。

> 伊拉斯谟·达尔文的一首诗《生物定律》（*Zoonomia*）将“扁桃体炎”（tonsillitis）一词引入英语。

他的文学成就也值得注意。华兹华斯是伊拉斯谟·达尔文诗歌的爱好者，威廉·布莱克为伊拉斯谟·达尔文的《植物园》提供了一些插图，也受到了他的影响。雪莱借用了他的一些意象，用在《麦布女王》（*Queen Mab*）的开幕部分。甚至有人认为雪莱和拜伦对伊拉斯谟·达尔文诗歌的讨论启发玛丽·雪莱写了《弗兰肯斯坦》。然而，柯勒律治似乎对他并不那么热衷，对于《植物园》柯勒律治评论道："我彻底厌恶达尔文的诗。"他可能言过其实了：他似乎也受到了伊拉斯谟·达尔文作品的影响。

《自然的圣殿》是一首长诗，体裁用的是当时看来过时的、德莱顿（Dryden）和蒲柏的押韵两行诗（rhyming couplets）。但是在对于细节的关注方面，它是一本重要的书。与华兹华斯和柯勒律治的浪漫主义诗歌一样，它赞美自然，并试图让人类更亲近它，但正如伊拉斯谟·达尔文选择的押韵两行诗这种体裁所暗示的，这首诗的重点是秩序和分类，而不是更加浪漫的概念，比如自发和释放。我们很难想象伊拉斯谟 达尔文在水仙花丛中嬉戏。

然而，作为科学思想的普及者，伊拉斯谟·达尔文对整整一代——实际上是几代人——浪漫主义者有着巨大的影响力。他在《自然的圣殿》中提出的进化论，比他的孙子50年后勾勒出来的更为宽泛。"整个自然处于恒久改善的状态。"他写道。但它不止如此。支撑查尔斯·达尔文后来的进化论的原则，也就是自然选择或"适者生存"的原则，也是伊拉斯谟理论的一部分，尽管其表述不那么清晰："饥饿的臂膀掷出死亡之箭/交战的世界是巨大的屠场"。伊拉斯谟所缺少的东西，也就是这场生存竞争如何影响了不同物种进化的坚实证据，他的孙子会在半个世纪之后给出。

《弗兰肯斯坦》

玛丽·雪莱原创的1818年的小说《弗兰肯斯坦》与受其启发创作

的无数电影之间有着天壤之别。即使是肯尼思·布拉纳（Kenneth Branagh）1994年的改编《玛丽·雪莱的〈弗兰肯斯坦〉》也为雪莱最初的设想增加了很多内容，而同时又删掉了很多内容。它的名字可能表示对原文的忠诚，但最后却是对雪莱原书的拼拼凑凑，并且拼命把散乱的部分缝补在一起，形成一个连贯的、活生生的整体。其结果，即便算不上怪物，至少也是一团糟。

不过，这本书总是伴随着误读或误解，比如卖弄学问的人最喜欢的那个话题：故事中的（无名的）生物与其创造者的名字常常被弄混（所以人们谈论弗兰肯斯坦，而不是弗兰肯斯坦创造的怪物）。还有一个错误观念，那就是认为创造怪物的人是"弗兰肯斯坦医生"。（并不是这样。在书中他只是一个不起眼的学生。）《弗兰肯斯坦》是名著，每个人都了解它，或者更确切地说，以为自己了解。

1816年，雪莱开始写这本书时，她还只是一个十几岁的孩子。其产生的环境是众所周知的：1815年，印度尼西亚的坦博拉火山（Mount Tambora）喷发，将大量的尘埃喷入高层大气，导致全球平均气温下降0.5摄氏度左右。这导致许多作物减产。1816年是"没有夏天的一年"（拜伦在他的诗《黑暗》中记录了这次事件）。玛丽·雪莱和她的丈夫珀西·比希（Percy Bysshe）去日内瓦湖找拜伦。为了消遣，他们彼此讲鬼故事，其中一个故事，玛丽·雪莱的那个，就成了小说《弗兰肯斯坦》。

但是《弗兰肯斯坦》到底讲的是什么？它通常被认为是一则道德寓言，警告人们扮演上帝——做一个现代的普罗米修斯——的危险。希腊神话中，普罗米修斯从诸神那里偷了火给人间。（其实，这部小说的副标题就是"现代的普罗米修斯"。）这无疑是小说内容的一部分，但是创造怪物——更准确地说是生物——这一行为本身并没有让这个生物反抗他的创造者。是弗兰肯斯坦对自己造出的生物的拒绝导致它走向暴力和破坏。这本小说的主题不是糟糕的科学，而是糟糕的养育。

雪莱还会继续写小说，包括1826年出版的首部后启示录小说《最后一个人》(*The Last Man*)。她认为这是她最好的书，而不是《弗兰肯斯坦》。虽然《弗兰肯斯坦》是雪莱的第一部小说，但这并不是她出版的第一本书。1817年，在她最著名的小说出版前一年，玛丽·雪莱和她的丈夫珀西·比西出版了《六周旅行史——通过法国、瑞士、德国和荷兰的一部分；伴有描述周游日内瓦湖和霞慕尼冰川的信件》(*History of a Six Weeks' Tour through a Part of France, Switzerland, Germany, and Holland; with Leters Descriptive of a Sail Round the Lake of Geneva and of the Glaciers of Chamouni*)。这本书大部分是玛丽的成果，这意味着它应该算是她的第一本书，而不是《弗兰肯斯坦》。

假血

以下描述的是哪位与浪漫主义运动有关的作家？他生于1795年，1821年英年早逝。他是雪莱和拜伦的同伴，尽管后者对他没说什么好话。他受训成为一名医生，但对医学界感到幻灭。

上面的描述适用于约翰·济慈（John Keats）（生死日期都很准确，而且，令人难忘的是，拜伦批评济慈的诗歌是“意淫”），但实际上它也适用于一个几乎被遗忘的人物约翰·威廉·波利多里博士（Dr John William Polidori）。他被认为是爱丁堡医学院最年轻的获取医生资格的人——年仅20岁即获取了医生资格。但他被人记住并非因为医术。如果他还为人所知的话，那是因为他是第一本吸血鬼小说的作者。

《吸血鬼》(*The Vampyre*) 也是从产生了玛丽·雪莱的《弗兰肯斯坦》的那次日内瓦鬼故事竞赛中产生的。在1816年的夏天，波利多里是拜伦别墅的另一位客人。他在那里一方面是作为拜伦的旅伴，另一方面也是作为拜伦的医生，以备诗人或他的任何客人需要紧急医疗照顾。有趣的是，波利多里作为外科医生的训练使他与爱丁堡新的死者尸体接触密切。爱丁堡是双人“复活”游戏著名的老家，杀人犯伯克和黑尔（Burke and Hare）的家乡。维克多·弗兰肯斯坦（Victor Frankenstein）也是为了进行科学实验而挖掘尸体的。看起来《弗兰肯斯坦》和《吸血鬼》的相似点不只是写于同一个假期。

有趣的是，在原本的鬼故事比赛中，波利多里的故事有些不同。根据玛丽·雪莱的说法，他最初的故事有一个骷髅女人，焦点是通过钥匙孔窥见了一些不检的行为，而且这个故事里明显没有吸血鬼。拜伦是吸血鬼主题的真正创造者，他勾勒出一个吸血鬼故事的轮廓，并告诉了他的医生。有趣的是，波利多里关于骷髅女人的故事后来会被写入他的小说《恩内斯特·博驰都》(*Ernestus Berchtold*) 中。它的副标题是“现代的俄狄浦斯”（Modern Oedipus），回应了雪莱的《弗兰肯斯坦》的副标题“现代的普罗米修斯”。

《吸血鬼》被称为第一部吸血鬼小说，但更准确地说，它是一部中篇小说，因为它体量小：第一个版本几乎不足80页。它讲述了一个年轻的英国人奥布里（Aubrey），结交了一个贵族鲁思文（Ruthven），而后者竟然是一个吸血鬼。（到此为止，都很像德拉库拉的故事——这是在斯托克的小说之前将近80年。）两个男人一起游览欧洲，鲁思文从目力所及的所有脖子中吸血。最后，他和奥布里的妹妹结婚了，在他们的新婚之夜他吸干了新娘的血，然后消失了，身后只留下新娘的尸体。这种如今常见的文学手法（人类-吸血鬼混合体，常常是个贵族，他们永远是充满魅力的，喝着受害者的鲜血，还有性和浪漫跟吸血混合在一起的怪癖）就是从那时候建立起来的。没有波利多里，就没有《暮光之城》（*Twilight*）或是《真爱如血》（*True Blood*）。波利多里对吸血鬼小说至关重要的贡献是把吸血鬼变成了一个性感的拜伦式英雄：阴郁沉思，魅力非凡，而且最重要的是——充满危险。

《吸血鬼》被误认为是拜伦的作品。因此它的出版日期——愚人节——正好合适。

《吸血鬼》匆忙写就，据波利多里自己说，它是“两三个空闲的早晨”的成果，而且差点儿永远未能出版。它被波利多里（也有人怀疑是拜伦）冷落，遗忘在拜伦的别墅里。当拜伦于1816年夏天的晚些时候解除这位医生的工作后，波利·“多莉”——拜伦后来给他起的绰号——离开了日内瓦，却没有带走他的手稿。不知怎样，这个故事来到了《新月刊》（*New Monthly Magazine*）的编辑亨利·科尔伯恩（Henry Colburn）位于伦敦的办公室——具体过程仍然是一个谜。而科尔伯恩在1819年发表了这个故事，作者错误地记录为拜伦勋爵。

事实上，尽管拜伦在构思这本书时发挥了作用，但他却厌恶这个故事，且不承认写了这个故事，主要是因为故事的主人公毫不客气地以拜伦为原型。鲁思文这个名字借自卡洛琳·兰姆夫人（Lady Caroline Lamb）的小说《格里纳冯》（*Glenarvon*）。这部小说是拜伦之前的情人对他几乎不加掩饰的尖刻攻击之作。尽管拜伦和波利多里都确认波利多里而不是拜伦才是书的作者，但许多读者仍然认为这本书是拜伦作品的典范。歌德甚至认为这是拜伦最好的作品。他显然乐于忽视一个事实，那就是拜伦并没有写这本书。

《吸血鬼》非常成功。19 世纪 20 年代是吸血鬼热的十年：突然之间，每个人都开始“吮吸”这种类型的小说。有《吸血鬼》的歌剧改编，有新的小说作品（作者中包括大仲马和果戈理）、戏剧、绘画和其他艺术表现形式。虚构的吸血鬼诞生了。然而，波利多里对此一无所知地去世了。1821 年，还没有因他的故事而得到任何真正的认可，他就去世了，有可能是自杀。根据讣告，他只有 25 岁。

第六章　维多利亚时代

维多利亚女王统治时期（1837—1901），英国发生巨变，世界也因此发生巨变：维多利亚时代见证了铁路的发展、电报和电话的出现，地理学和博物学的突破性科学发现——的确突破了地面。由于教育水平的提高，英国的识字人口比以往任何时候都多，这使印刷品的数量剧增。维多利亚人无论走到何处，身边都是文字。书籍几乎无处不在。

关于维多利亚时代的社会和文化，人们普遍相信的大部分内容——往好了说——只是部分正确的。他们在性方面并没有人们以为的那样过分正经。的确，他们的文学总是对裤裆里的事情守口如瓶，但这在一定程度上是受到了文学流通方式的影响：很多人不是买来最新出版的小说，而是从当地的图书馆借阅。这些图书馆对其收录的小说的内容一般都比较严格：首先，不能有性或骂人的话。作为作家，如果你的小说不被图书馆收藏，比如强大的缪迪流通图书馆（Mudie's circulating library），那么你的读者和收入都会大大减少。

许多小说出单行本之前，都是分三卷出版，而且在此之前，小说往往在杂志和报纸上分期连载。这意味着作家为同一本小说收几次钱。这让托马斯·哈代（Thomas Hardy）等人高兴。不过后来他厌倦了针对他那几部更加大胆的小说——比如《无名的裘德》（*Jude the Obscure*）——的清教徒式的说教，彻底放弃了写小说。将完整的小说分成多达三个部分对于像缪迪这样的图书馆来说也是一个很好的商业手法。如果你想知道为什么维多利亚时代的小说卷帙浩繁，那么要知道，这是一种精明的商业考虑：图书馆可以将同一部小说同时借给三个读者，从而使其利润增加到三倍。当然，这么做的缺点是大多数维多利亚时代的小说里充满了孩子，但对于这些孩子后来的生活却无可奉告。

维多利亚时代的人也没有因为性联想而遮盖起他们的钢琴腿。原本，维多利亚时代的人嘲笑美国人假正经，于是才有了这个说法，但美国人也并没有这样做。经典儿童小说《新森林的孩子们》（*The Children of the New Forest*，1847）的作者弗雷德里克·马里亚特上校（Captain Frederick Marryat）在他1839年的《美国日记》中写道，美国女人不喜欢“腿”（leg）这个词，并坚持用“肢”（limb）来代替。他还“挖掘”出美国人因为琴腿类似人腿而将其覆盖的故事，但似乎与他交谈的这位美国女士是在和他开玩笑，因为她嗅到机会想戏弄一下这个天真的英国游客。

即便如此，琴腿的故事还是一直流传了下来——不仅仅关于美国人，而是关于维多利亚时代的人。事实上，19世纪90年代英格兰全民热议的话题是一部充满丑闻的性爱回忆录，作者只署名为“沃尔特”（Walter）。关于他的“秘密生活”，之后详述。

关于性爱，我们讲得够多了（至少现在如此）。在维多利亚时代的科学世界里，假东西也不少。查尔斯·达尔文并非提出进化论的第一人。他甚至不是提出自然选择理论的第一人。一个名叫威廉·查尔斯·威尔斯（William Charles Wells）的人在1813年的一次关于不同肤色起源问题的简短演讲中提出了同样的理论。这个演讲内容于1818年出版，提出了达尔文之后使其出名的自然选择观念（尽管必须说，达尔文对韦尔斯原来的假设增加了不止一点儿）。但是如我们在本章中将会看到的，达尔文关于进化论的书并不是他一生中最畅销的。

本章会检验这些成见，并着眼于一些讲述维多利亚时代真实历史的书，其主题包括性、蠕虫、甲虫、侦探和不止几个人的秘密生活。

狄更斯圣诞节

自从狄更斯（Dickens）的《圣诞颂歌》（*A Christmas Carol*）于1843年12月出版，已有无数的舞台、电影和广播改编。他的第一部电影改编作品是1901年的一部无声短电影，名字叫作《斯克鲁奇》（*Scrooge*），或者《马利的鬼魂》（*Marley's Ghost*）。也出现了歌剧和芭蕾舞剧版本，如一部全是黑人的音乐剧叫作《来到上城》（*Comin' Uptown*）（1979），英国广播公司（BBC）甚至在1973年做了哑剧改编，由马歇·马叟（Marcel Marceau）主演。《木偶剧》（*The Muppets*）、《米老鼠》（*Mickey Mouse*）和《脱线先生》（*Mr Magoo*）都演绎了这个永恒的故事。

虽然这是他的五本节日书中的第一本，但《圣诞颂歌》实际上不是狄更斯写的第一个圣诞故事，它甚至不是狄更斯写的第一个圣诞鬼故事。狄更斯此前已经写过《偷走教堂执事的小妖精》（*The Story of the Goblins Who Stole a Sexton*），其主角是吝啬鬼加百列·格鲁布（Gabriel Grub），他在狄更斯的第一本小说《匹克威克外传》（*The Pickwick Papers*，1836—1837）的支线故事中出现过。这个故事和几年后的《圣诞颂歌》故事有很多相同之处：厌恶人类的坏人，圣诞前夜的背景，超自然存在的出现，主角被迫目睹幻象，关注贫穷和家庭问题，最重要的是，在故事结束时，坏人被改造成一个更好的人。这就好像狄更斯的《圣诞颂歌》是剽窃来的——从他自己那里剽窃的。

狄更斯在1843年的10月和11月间，花六个星期写了《圣诞颂歌》。它在该年12月19日出版，正赶上圣诞节。书的效果立竿见影。苏格兰历史学家托马斯·卡莱尔（Thomas Carlyle）（狄更斯非常钦佩他）读了《圣诞颂歌》之后直接去买了一只火鸡。“斯克鲁奇”这个词已经成为一个吝啬卑鄙的人的简称。“呸！骗子！”（Bah! Humbug!）已成为公认的短语，虽然斯克鲁奇在书中只使用了两次。

为了纪念斯克鲁奇的著名短语，一种蜗牛被命名为Ba humbugi。

狄更斯《圣诞颂歌》的灵感来自观察穷人的困境，书中的克拉特基特（Cratchit）家就是代表。从一开始，它就被认为既是有力的论辩，也是有趣和永恒的故事。当时狄更斯的主要竞争对手威廉·梅克皮斯·萨克雷（William Makepeace Thackeray）称这本书为“国家福利”，而同辈小说家玛格丽特·奥利芬特（Margaret Oliphant）则表示，尽管这是“火鸡和李子布丁崇拜”，但它“像一部新的福音书一样在这些日子让我们感动”。这本书差不多以一己之力创立了圣诞节前夕的鬼故事的传统，直到今天我们仍然在沿用。

19世纪50年代早期，从表演《圣诞颂歌》开始，狄更斯开始了一系列公开朗读表演——这些朗读最终将让他58岁英年早逝。即使对于像狄更斯这样自称为“英国英才”（Sparkler of Albion）的看上去具有无限能量的作家来说，这些朗诵表演其实也让人筋疲力尽。在公开朗诵的日子里，他吃不下多少东西，只用两汤匙朗姆酒加鲜奶油当作早餐，喝一品脱香槟当作茶。在演出开始前半小时，他会在雪莉酒里打一个生鸡蛋喝下去（虽然不是很诱人，但至少适合圣诞节）。

尽管《圣诞颂歌》取得了惊人的成功，但实际上起初狄更斯没赚多少钱。书的制作成本太高，导致狄更斯的利润仅为 230 英镑，比他所期待利润的四分之一还少。《圣诞颂歌》之后他写的圣诞书《教堂钟声》（*The Chimes*）和《灶上蟋蟀》（*The Cricket on the Hearth*）为他带来了更好的收入。事实上，它们的销量都超过《圣诞颂歌》。

这部小说的成功没有一下子就创造出或是普及现代的圣诞节观念。狄更斯本人承认美国作家华盛顿·欧文（Washington Irving）对他的圣诞节作品的影响。但狄更斯的书是形成现代圣诞节概念的文化大氛围的一部分。维多利亚女王和阿尔伯特亲王也发挥了他们的作用，阿尔伯特亲王特别从德国进口了许多元素。在狄更斯的故事发表的同一年，第一张圣诞贺卡也被寄出。在最初印制的 1 000 份圣诞贺卡里，如今只有 12 份留存下来。

被遗忘的轰动人物

查尔斯·狄更斯是一位制造恐怖的大师，无论是圣诞节的鬼故事，还是《远大前程》（*Great Expectations*）中令人胆寒的阴郁的哥特式萨提斯庄园（Satis House），抑或是《雾都孤儿》（*Oliver Twist*）中伦敦的污秽。但还有另一位大多数人从来没有听说过的小说家，他的著作也为维多利亚时代的公众提供了不少恐怖。在他职业生涯的高峰期，他卖出了比狄更斯更多的作品，而狄更斯被广泛认为是当时最畅销的小说家。

这位被遗忘的作者乔治·威廉·麦克阿瑟·雷诺兹（George William MacArthur Reynolds）1814 年出生在肯特郡的桑威治（Sandwich）。在许多方面，雷诺兹是一个比狄更斯更现代的人，因为他似乎更少属于自己的时代，更多地属于我们的时代。当时大多数英国人定期去教会，但他是坚定的无神论者。而他像狄更斯一样，是英国政府的尖锐批评者和穷人的斗士。雷诺兹喜欢关于犹太人的一切，喜欢穆斯林文化（当时许多人都在为殖民主义和种族偏见而摇旗呐喊）。雷诺兹对生活和艺术采取了多元文化的态度——而那是在多元文化这个词被发明出来很久以前（如果你想知道的话，“多元文化”最早出现在1935年）。1848年，他支持欧洲的革命，尤其是在巴黎的革命，他支持穷人为更好的薪酬和政治代表权而斗争。他还支持那些呼吁英国进行选举改革的宪章派（Chartists）。

然而，在其他方面，雷诺兹更像是维多利亚时代的人：1840年，他成为公开的禁酒运动支持者。他喝醉了酒来到禁酒运动的大会，和领导者辩论起来，并被说服要滴酒不沾。事实上，雷诺兹做了不少辩论。据说他的一个出版商迪克斯（Dicks）是他唯一从未与之辩论的人。

19世纪40年代，在雷诺兹的小说最为盛行之时，雷诺兹的销量甚至超过了《匹克威克外传》的作者狄更斯，而狄更斯的事业已经让其成为第一批现代名人之一。事实上，雷诺兹最初是作为狄更斯作品的无耻抄袭者而起家的：雷诺兹的早期作品之一是《匹克威克海外游》（*Pickwick Abroad*），其将狄更斯非常成功的人物送去法国（那时版权法不像今天这样健全，所以雷诺兹似乎毫发无损）。像狄更斯一样，雷诺兹也成立了自己的出版物《雷诺兹每周新闻》（*Reynolds' Weekly Newspaper*），该报于1850年首次发行。它将继续以这种或那种形式发行，直到1969年，因此它获得了“运营最久的工人激进报纸”的荣誉。当他1879年去世的时候，行业杂志《书商》（*The Bookseller*）形容雷诺兹为“我们时代最流行的作家”。然而这个现代人和功勋卓著的小说家却没有狄更斯所享有的那种身后名和读者群。为何如此？

雷诺兹最受欢迎的作品是长篇连载小说《伦敦的秘密》（*The Mysteries of London*，1844—1848）。这个系列的创意是雷诺兹向另一位作家欧仁·苏（Eugène Sue）“借来的”，其《巴黎的秘密》（*The Mysteries of Paris*）曾在英法海峡两岸畅销（19世纪30年代，雷诺兹在法国生活了好几年）。在他名气鼎盛的时候，雷诺兹的书每周卖出4万份低价的连载物。在结集成册出版之前，总共有100万份连载物从货架上飞出。

但雷诺兹去世后，其名声却发生了转变，其原因几乎与他小说中的“秘密”一样神秘。在他死后，他的读者不是减少了，而是几乎完全消失了。

毫无疑问，有一部分原因是，他的小说发表在一次性的期刊和报纸上，这种发表方式本身就是朝生暮死的。雷诺兹作品的主题和风格可能也没有帮助。像狄更斯一样，他写得飞快，但雷诺兹属于那个时代，反映和描绘了那些现在已经失去意义的时尚态度。他是一个有能力的作家，但是他的风格对现代读者来说有些过于夸张，过于耸人听闻，没有其同时代作家的微妙之处。即使是狄更斯这位耸人听闻的个中老手，也有其微妙之处。雷诺兹的作品仅限于廉价恐怖小说（penny dreadful）的传统，其以连载的形式发表，生产出来就是为了用激动人心的故事和恐怖悬疑的叙述填饱公众的胃口。

或许现代的读者还会认为雷诺兹小说中的社会评论太唐突了：当在小说中写到穷人的困境时，他会“大发雷霆”（go off on one），而故事在他慷慨激昂的谩骂中误入歧途。虽然当时的读者支持这一篇章——事实上，许多人积极地享受它们——但对于现代读者来说，它们太过具有说教性和蛊惑性。

然而他最好的作品还是值得一读。他的另一本书《狼人瓦格纳》

(*Wagner the Wehr-wolf*，1847)，是英文小说世界最早的狼人故事之一。对于现代读者来说，这是可读性更强的作品之一，并且它仍然具有吸引人、取悦人的力量。

烹书 (Cooking the Books)

1851 年 10 月，一本带着“玛丽亚·克拉特巴克夫人”(Lady Maria Clutterbuck) 这个荒唐名字的书出现了。这本书已经出了第一版，并已被证明受到读者的欢迎，所以为了赶上圣诞节市场，第二版也被印刷出来。这本书的热度将会持续十年，1860 年之前，这本书将会一连五次再版。

这本叫《我们晚餐吃什么?》(*What Shall We Have for Dinner?*) 的书的作者事实上不是一个叫玛丽亚·克拉特巴克夫人的人，而是一个带有 19 世纪 50 年代著名姓氏的家庭主妇。她姓狄更斯，即凯瑟琳·狄更斯 (Catherine Dickens)，她是查尔斯·狄更斯的妻子。她是这本书的秘密作者，而她的化名来自她扮演她丈夫制作的戏剧《精疲力竭》(*Used Up*) 时的角色。查尔斯和凯瑟琳曾于 1851 年在罗金汉姆城堡 (Rockingham Castle) 一起表演这部戏剧。

食谱，至少就我们所知，是一种晚近的现象。伊丽莎·阿克顿 (Eliza Acton) 的《私家现代菜》(*Modern Cookery for Private Families*) 自 1845 年出版后一直是畅销书，八年内就出了 13 版。这是第一本提供食材清单的烹饪书，而且注明了每份食材的精确数量。虽然很难相信，但阿克顿之前的食谱竟然忽略了这些信息。很难想象，如果没有这些信息，食谱还有什么用。[不消说，理查二世的《烹调方法》(*Forme of Cury*) 没有包括这些细节。] 阿克顿的书也是第一本包括圣诞布丁的食谱，这是现代英国圣诞节产生于19世纪40年代的又一个佐证。

凯瑟琳·狄更斯的书正好赶上了一股非常受欢迎且有利可图的新书浪潮：针对数量不断增加的维多利亚中产阶级的食谱制作浪潮。虽然它只有55页篇幅，并且没有提供太多将原材料搭配到一起的详细做法——那时的食谱也有这个问题——但它包含的食谱数量却惊人地多，总共有49个，其中包括三文鱼咖喱等辣味菜肴，还包括凯瑟琳用帕尔马干酪做的花椰菜奶酪（狄更斯在19世纪40年代访问过意大利）。她的书包括英国最早的蛋奶酥（soufflé）食谱之一，用的是格鲁耶尔干酪和帕尔马干酪。蛋奶酥是最近才便于在家里制作的菜肴，这要感谢精确温控装置的发明。

凯瑟琳的书也是英国最早采用俄式上菜方式的食谱之一。俄式上菜就是一道道菜连续端上，而不是法国的自助餐方式。到19世纪末，这已成为维多利亚人首选的用餐方式，而且保留至今。这不仅仅是饮食的改变，也是社会的转变：在款待他人时，两道菜之间的间歇时间为客人提供了更多的交谈机会。现代的英国晚宴诞生了。

狄更斯偏爱吃点奶酪，而且特别喜欢以奶酪吐司结束一餐。

《我们晚餐吃什么？》直到19世纪50年代末都很流行，而且如果不是1861年出版了一本书，卖得比凯瑟琳·狄更斯和伊丽莎·阿克顿的书都好，那么它可能会一直流行下去。1861年出版的那本新书名为《比顿家庭管理全书》（*Beeton's Book of Household Management*），它将代表维多利亚时代及之后烹饪方面——以及其他一些方面——的最高水平。自此之后，“比顿夫人”成为维多利亚时代烹饪的代名词，而伊丽莎·阿克顿和玛丽亚·克拉特巴克夫人则在维多利亚时代的餐饮史上沉寂下去。在1851年与丈夫一起饰演玛丽亚·克拉特巴克的凯瑟琳与此同时也被另一位女演员艾伦·特南（Ellen Ternan）抢走了丈夫的爱。狄更斯在1858年和凯瑟琳分开了。但凯瑟琳的书仍能揭示狄更斯一家晚餐时间的光景。它也显示出19世纪英格兰饮食态度的转变。

维多利亚时代的互联网

蒂姆·伯纳斯-李爵士（Sir Tim Berners-Lee）发明了万维网（World Wide Web）——这是互联网的操作系统，但鲜为人知的是，他发明的灵感来自一本已经被人遗忘的维多利亚时代的畅销书。

《万事问答》（*Enquire Within upon Everything*）是于1856年首次出版的一本关于“如何做”的杂集，旨在为维多利亚时代的家庭提供有关所有家务事的重要信息。在出版的头六年内，它售出了近20万册，并且在过去的100年里，它一直在重印和更新，直到1976年的最后一版。到那时，它已经有126个版本，售出了150万册。

这本书包含了各种主题的信息：洗衣技巧、蛋糕食谱、客厅游戏、急救，甚至还有（编辑的介绍里自豪地告诉读者）如何结婚和下葬亲属（虽然大概不是在同一天）。家庭智慧的其他珍珠包括恢复变质黄油的最佳方法（如果你想知道的话，方法如下：使用一些粗粉状的动物炭，让黄油在水中溶化，然后用法兰绒过滤）和给妻子的建议（永远不要让你的丈夫在穿衣出门的时候发现衬衫纽扣少了一颗）。这本书建议，避免头痛的方法是保持双脚暖和。我们还知道，绅士在走路的时候总是戴着手套，因为这是良好教养的标志。这本书所大胆宣称的

“万物”当然是夸张之谈，但不可否认的是，它包含了对一般家庭都有用的各种各样的东西。

于是我们就要说到万维网。1980年，蒂姆·伯纳斯-李爵士在瑞士的欧洲核子研究组织（CERN）工作。他在研究如何在本地网络上分享信息，并开始了一个可以实现这一目标的软件项目。他小时候听说过《万事问答》——这说明那时仍然能在英国家庭中看到这本书——并且喜欢这本书的名字，于是他把项目命名为“探询”（Enquire），向这本书致敬。后来伯纳斯-李意识到他的项目可以分享的信息比《万事问答》还要广，于是“探询”这个项目最终成了万维网。伯纳斯-李本来可以凭借这项发明成为一个非常富有的人，但他把万维网免费赠送给了全世界。

顺便说一句，“万维网”这个名字为我们提供了另一条维多利亚时代的线索。伯纳斯-李不是使用这个术语的第一人，《牛津英语词典》为我们提供了一个1965年的例子：它被用在查尔斯·达尔文的传记中，指的是这位维多利亚时代的博物学者分享的联系人网络。所以，以一种奇怪的方式，“万维网”这个词注定要把我们带回到维多利亚时代。

达尔文的畅销书

来谈谈蠕虫吧。世界上大约有36 000种蠕虫，光是蚯蚓就有3 000多种。许多蚯蚓有十个——没错，十个——心脏。而已知最长的南非蚯蚓能长到22英尺[①]长。总之，蠕虫真是令人着迷。

---

① 约合6.7米。——译者注

因此不难理解，为什么 19 世纪最伟大的科学头脑会对它们产生兴趣。广为人知的是在 1859 年查尔斯·达尔文发表的《物种起源》，但不那么有名的是他在 1881 年发表的《腐殖土的产生与蚯蚓的作用》（*The Formation of Vegetable Mould through the Action of Worms*）——他生前的最后一本书。它听上去不太像是畅销书，但在达尔文生前，这本书销量比《物种起源》还要多。对于一本讲蠕虫粪便的书来说，这个成绩不赖。

这本书的想法来源于对蚯蚓的长期兴趣。奇怪的是，为这本书播下种子的人是陶工乔西亚·韦奇伍德（Josiah Wedgwood），而他正是达尔文的叔叔。1837 年，达尔文刚结束“小猎犬”号（the Beagle）上的旅行，感染了一系列疾病，他去斯塔福德郡（Staffordshire）叔叔韦奇伍德家里拜访。韦奇伍德对自己侄子的健康十分关心，他想在这段时间为达尔文找到一些有趣的事情。他试着建议达尔文研究蚯蚓，但担心达尔文不会对这种琐碎的东西感兴趣。但是达尔文被蚯蚓迷住了，并着手研究它们。

“我们很难找到像它们一样的其他的生灵，看似卑微，却在世界历史的进程中起到了如此重要的作用。”达尔文在《腐殖土的产生与蚯蚓的作用》一书中如此宣称。达尔文的著作表明，蚯蚓远非园林害虫，而是园林的生命血液：它们的存在对于土壤而言至关重要，帮助土壤通气，并且让水排走。达尔文的书揭示出，蚯蚓是自然的灌溉系统。土壤里有蚯蚓，许多植物才能生长。蚯蚓是大自然的无名英雄这个想法显然在维多利亚时代的读者中流行开来，他们急忙去买达尔文的书。

达尔文的书是研究蚯蚓 40 多年的成果——比研究《物种起源》还要久。这是他毕生的事业。他自嘲道，希望在“加入它们之前”发表自己的研究成果。

小说村

作家查尔斯·金斯利（Charles Kingsley）对他周围的科学发展具有浓厚兴趣，而且他完全能够调和自己的宗教信仰与达尔文的进化论。在《物种起源》出版之前，金斯利就在1859年读到了它的审查副本，然后他在19世纪60年代成了达尔文的朋友和通信者。金斯利受欢迎时间最长的书《水孩子》（*The Water-Babies*，1863）讲的是一种与主人公男孩的身体进化相匹配的"道德进化"（moral evolution）（他进化为一个水孩子，除此之外，他最终成为一个成功的道德正派的维多利亚绅士）。

《水孩子》一定是有史以来最古怪的儿童经典之一。作为一本儿童幻想小说和一篇基督教寓言故事，它还包含了离题千里的对达尔文进化论和政治讽刺的长篇大论，仿佛金斯利已经忘记他的目标读者是谁。这本书讲的是扫烟囱的男孩汤姆去了水下世界，成了一个"水孩子"。在许多方面，这个孩子进入水下的幻想世界——一个古怪颠倒的维多利亚世界——的故事，预示了另一部19世纪60年代的儿童文学经典：刘易斯·卡罗尔（Lewis Carroll）的《爱丽丝漫游奇境》（*Alice's Adventures in Wonderland*）就在两年之后出现。这两部小说中都有一个孩子离开了现实世界，来到幻想世界，在那里正常的逻辑和体系被颠倒了。金斯利的小说中有龙虾（可能是卡罗尔的书中龙虾四组舞的灵感来源）和短语"笑得像只柴郡猫"（grinning like a Cheshire cat）及"疯得像只三月的野兔"（as mad as a March hare），而后两个生物在卡罗尔的书中不再是单纯的比喻，而是成了真实的角色，似乎卡罗尔把金斯利的书当真了。但是，卡罗尔回避道德说教，而金斯利（和卡罗尔一样，既是神职人员也是作家）却把教孩子过有道德的生活视为己任。

在其有生之年，在年轻读者群中，金斯利有名的作品不止《水孩子》一部。他早期的一部讲述都铎时代英勇故事的小说《西进!》(*Westward Ho!*，1855）虽然并不是为孩子们写的，却将被证明是维多利亚时代孩子的最爱。小说的年轻主角埃米亚斯·利（Amyas Leigh）跟随私掠者弗朗西斯·德雷克（Francis Drake）前往加勒比海，而后者未来将成为对抗西班牙无敌舰队的英雄。他们经历了一系列的冒险，包括与英格兰的恐怖敌人西班牙的一系列摩擦。小说开始在德文郡（Devon）的比迪福德镇（Bideford），那里不仅产生了德雷克，还有另一位伟大的伊丽莎白时代的冒险家沃尔特·雷利爵士（Sir Walter Ralegh）。

> 德文郡为世界贡献了维多利亚探险家理查德·伯顿爵士（Sir Richard Burton）以及南极的斯科特（Scott of the Antarctic）。德文郡的水中一定有特别之处。

《西进!》的流行一直持续到20世纪，并在1925年成了第一本被英国广播公司改编的小说。德文郡的一个村庄因这部小说而得名，而后来村庄的名气超过了小说。这个村庄是全世界仅有的名字中有感叹号的两个地方之一——另一个地方是名字极好的加拿大魁北克省的圣-路易-杜-哈！哈！(Saint-Louis-du-Ha! Ha!)。

两个爱丽丝

“刘易斯·卡罗尔”其实是一个叫查尔斯·路德维奇·道奇森（Charles Lutwidge Dodgson）的牛津大学基督教堂学院（Christ Church，

Oxford）的数学家。因此，他过着一种双重生活：对于他的《爱丽丝漫游奇境》一书的读者，他是刘易斯·卡罗尔，而对于数学世界和他在牛津大学的同事们，他是（牧师）查尔斯·路德维奇·道奇森。他通过颠倒他的两个名字形成了他的笔名。“查尔斯·路德维奇”（Charles Lutwidge）通过一些语言花招成了“刘易斯·卡罗尔”（Lewis Carroll）。

关于卡罗尔和维多利亚女王有一段著名的逸事。维多利亚女王很喜欢《爱丽丝漫游奇境》的故事，她立即要得到卡罗尔下一本书的第一版。于是卡罗尔就送了她一本。这是一本数学著作，看标题就让人激动不已：《行列式初论》（*An Elementary Treatise on Determinants*）。不幸的是，正如大多数有趣的逸事一样，这显然是假的：至少卡罗尔予以否认。然而，这样一个故事的确突出了卡罗尔双重生活的怪异之处。尽管他的无厘头小说本质上是激进的，但卡罗尔——抱歉，道奇森——是一个保守的数学家。他对 19 世纪数学中出现的许多新思想感到不满和蔑视。梅兰妮·贝利（Melanie Bayley）2009 年在《新科学家》（*New Scientist*）中甚至推测《爱丽丝漫游奇境》是对维多利亚时代数学激进新思想的尖刻讽刺。

众所周知，爱丽丝·利德尔（Alice Liddell）是《爱丽丝漫游奇境》的灵感人物，但少有人知的是，她并不是激发了本书续篇的那个爱丽丝。续篇《爱丽丝镜中奇遇记》（*Through the Looking-Glass, And What Alice Found There*）中的“爱丽丝”指的是卡罗尔五岁的表妹爱丽丝·西奥多拉·雷克斯（Alice Theodora Raikes）。其原因是，当他写爱丽丝的续篇时，卡罗尔已经不再和利德尔一家保持友好了。《爱丽丝漫游奇境》来自 1862 年 7 月 4 日的一次乘船旅行，那时道奇森给爱丽丝——利德尔——讲了这个故事。而《水孩子》的作者查尔斯·金斯利的兄弟亨利·金斯利（Henry Kingsley）劝说道奇森将这个故事出版。

卡罗尔认为自己是《爱丽丝漫游奇境》中的渡渡鸟(Dodo)，也许是因为他说自己的名字有困难（“Do-Do”来自“Dodgson”）。

卡罗尔是一个害羞的人，一生遭受口吃折磨，而且童年发烧导致他一只耳朵聋了。也许是这种羞涩让他为自己创造了如此众多不同的角色：数学家、小说家、摄影师。在《爱丽丝漫游奇境》中有一段，爱丽丝被一只鸽子指控为蛇。她决口否认，但她发现她的信心已经动摇了，她怀疑自己究竟是谁。鸽子说：“我看出你正在试图编造（invent）一些东西！”而这本书某一章的标题是“这是我自己的发明”（It's my own invention）[①]。查尔斯·道奇森一直在发明。

第一部侦探小说

写作第一本侦探小说的荣誉通常归于威尔基·柯林斯（Wilkie Collins），他在1868年写了《月亮宝石》（*The Moonstone*）。T. S. 艾略特如此认为，许多人也赞同他的看法。然而，这个荣誉还有两个较早的竞争者。两人的作品都没有像《月亮宝石》那样被广泛阅读或记住，但它们的优势是写得更早，而且它们是侦探小说。

其中第一个是1862年一部叫作《诺丁山之谜》（*The Notting Hill Mystery*）的作品。早在银行假日狂欢节（Bank Holiday carnival）[②] 设

① 这个章节标题出自《爱丽丝镜中奇遇记》。——译者注

② 在英格兰，八月第一个星期一是银行假日。当日在诺丁山有狂欢游行。——译者注

立之前，早在休·格兰特（Huge Grant）在那里开书店之前[1]，诺丁山就是这个早期侦探小说样本的背景。这个小说比柯林斯的小说早了六年。《诺丁山之谜》由一位身份不明的作者以化名查尔斯·费利克斯（Charles Felix）撰写。它讲的是一位男爵涉嫌谋杀妻子，以便对她的人寿保险提出索赔。它里面有小说家达芙妮（Daphne）的祖父乔治·杜穆里埃（George du Maurier）的插图。而插画家本身也是位小说家。

但即使《诺丁山之谜》不是第一部英文侦探小说，这项荣誉也应该归于19世纪60年代最为成功的一位作家的小说。玛丽·伊丽莎白·布雷登（Mary Elizabeth Braddon）是在新一代“铁路读者”（railway readers）中最受欢迎的小说家之一。这些读者在坐火车上下班时读小说。1860年，一位名叫威廉·燕卜荪（William Empson）[2] 的出版商推出了她的第一部小说，即名字耸人听闻的《三次死亡》（*Three Times Dead*）。它基本没有引起注意。但是在一年之后，它被重印并取了新名字《蛇迹》（*The Trail of the Serpent*），销量明显更好了，第一周就卖出了1 000份［多亏了乔治·艾略特的刺激，她不喜欢这种“愚蠢的小说”（silly novels）］。这本书出版的历史有些不同，因为大多数维多利亚时代的小说都是先连载（分段发表，一般是每月一次发表在杂志上），然后整本出版，而《蛇迹》居然是先出完整的图书，然后再连载。这是因为小说出版后一年，即1862年，布雷登出版了她极为成功的奇情小说（sensation novel）《奥德利夫人的秘密》（*Lady Audley's Secret*），她成了家喻户晓的人物（名声不太好）。《半分钱杂志》（*Halfpenny Journal*）（副标题是“所有能阅读的人的杂志”）为了利

① 休·格兰特在电影《诺丁山》中扮演一位书店老板，书店位于诺丁山。——译者注

② 不是英国那个著名文学批评家、诗人燕卜荪。——译者注

用布雷登的名气和公众对她作品的胃口，在 1864—1865 年间分 28 个部分连载了她的旧小说。

作为一个涉及谋杀和虚假身份的可怕故事，《蛇迹》绝对有资格作为侦探小说，不仅是因为犯罪被置于故事的核心，而且因为其中有一个名叫彼得斯（Peters）的侦探调查这个罪行。这部小说特别有趣，不仅是因为人们不知道它有权获得“第一部侦探小说”的头衔，还因为这个侦探其实是个哑巴。进入英国犯罪小说编年史的这位侦探是一个局外人，是被主流社会拒之门外的人。克里斯·威利斯（Chris Willis）和凯特·沃森（Kate Watson）等学者因此争辩称，这部小说毫无疑问有资格获得“第一部侦探小说”的称号。

但是，第一部侦探小说是哪部，很大程度上取决于你如何定义“侦探”。爱德华·布尔沃-利顿爵士（Sir Edward Bulwer-Lytton）的小说《尤金·亚兰》（*Eugene Aram*）中有一个人物是有实无名的侦探，而且他努力揭露罪行，而那部小说发表于 1832 年。有趣的是，布雷登的《蛇迹》受到了布尔沃-利顿作品的影响——从人物名字到情节设置——所以也许我们应该把布尔沃-利顿看作英国侦探小说的真正鼻祖。然而，现代警察力量和官方犯罪调查的概念直到维多利亚时代才出现——所以直到那时侦探小说才正式抵达（犯罪）现场。

瘟毒之书

布雷登是当时最受欢迎的小说家之一，但她渴望获得同代人中安东尼·特罗洛普（Anthony Trollope）和乔治·艾略特（George Eliot）的那种文学赞誉。特罗洛普和艾略特都坚定地写着现实主义小说，试图描绘普通人的日常生活，从不哗众取宠。对于大多数英国现实主义者，布雷登并不是很客气，她不喜欢他们的作品所表现出的“将普通的东西神化”，但是她喜欢法国作家福楼拜（Flaubert）等人，并试图通过交替着写奇情小说——用来支付账单——和现实主义小说来赢得文学声誉。

但是布雷登真心欣赏的一位英国现实主义作家是乔治·艾略特，她最有名的或许是1872年的小说《米德尔马契》（*Middlemarch*）中大量的“乡村生活研究”。《米德尔马契》并不是乔治·艾略特作家生涯的第一次重大成功，第一次成功的荣誉也不能归于她的第一卷小说：1858年的故事三部曲《牧师生活小景》（*Scenes of Clerical Life*）。这个后来自称乔治·艾略特的女人的第一次文学成功是在她仅有20多岁时，那时她还用着本名“玛丽安·埃文斯”（Marian Evans）。她翻译了德国学者的一部作品，叫*Das Leben Jesu*，*kritisch bearbeitet*。它于1846年在英国出版，名为《耶稣的一生详查》（*The Life of Jesus*，*Critically Examined*）。

大卫·施特劳斯的书——以及玛丽安·埃文斯的翻译在当时是开创性的。就像潘恩在半个世纪之前写的《理性时代》一样，它削弱了《圣经》故事应该从字面上理解的观点。《新约》所声称的超自然现象有什么证据呢？大卫·施特劳斯认为耶稣是一个有魅力的老师，但不是上帝的儿子：他所做的奇迹应该被视为神话而不是真实的事件。

这在当时是很危险的说法，而且颇有争议。玛丽安·埃文斯的翻译当然引起了一些极端的反应。沙夫茨伯里伯爵（The Earl of Shaftesbury）（显然不是一个说话委婉的人）称之为“地狱之颌所呕出来的瘟毒之书”。埃文斯的父亲威胁要把她赶出家门。但这本书帮助了年轻作家成型，十多年后她成为乔治·艾略特（George Eliot）时，我们可以清楚地看到大卫·施特劳斯的著作是如何影响她的观点的。艾略特推断，耶稣的故事或许不是真的，但它提供了一些很好的道德教训，而这些是现代的维多利亚时代人应该信奉的：爱你的邻居，转过另一边脸，帮助你的人类同胞。艾略特的第一部小说《牧师生活小景》的三个故事中，就有这种精神气质。托马斯·潘恩所说的“行善的宗教”是艾略特作品的核心。

这些并非都是从大卫·施特劳斯的书中学来的，但翻译《耶稣的一生详查》是年轻的玛丽安·埃文斯成为乔治·艾略特所必不可少的训练。理性主义和同情是可以共存的。大卫·施特劳斯的德国式探究精神与艾略特自己的维多利亚时代的慈善与同情完美结合。

铁路时代

在1856年的文章《德国生活博物学》（*The Natural History of German Life*）中，乔治·艾略特写道：“铁路（railways）这个词……在一个不是经常旅行的人的脑海里，可能会唤起的形象是‘布拉德肖’（Bradshaw），或是他最熟悉的车站，或是无限长的铁轨。他将这三个图像在头脑中交替，这些图像代表了他对铁路的具体认知。”对于维多利亚时代的人来说，“布拉德肖”这个名字差不多就是铁路旅行的代名词，而且理由充分。

铁路的出现改变了维多利亚人的日常生活。155年前，西莉亚·费恩斯在英国四处旅行时是骑在马背上，有仆人陪伴，而且花了数月时间。现在，任何人只要买得起三等车厢的票，就可以在他的休息日跳上车，去他想去的几乎任何地方。耗时只是之前的零头。他也可以住在离工作场所几英里外的地方，每天通勤。

铁路也改变了人们的阅读习惯，布雷登事业的成功就是明证。她的小说正是人们在上班路上读的东西。

到 19 世纪 60 年代，英国大部分主要火车站都有一个 W. H. 史密斯（W. H. Smith）的摊位。1860 年，该公司建立了一个流通图书馆，用户可以在一个站点借书，然后在另一个站点还书（换一本新书）。人们真的可以读遍全国。

> W. H. 史密斯于 1848 年在尤斯顿站（Euston Station）开设了第一个铁路书摊。

但是，许多铁路乘客根本离不开的一本书就是他们的“布拉德肖”。这些铁路指南开始只是简单的列车时刻表，但逐渐变成一本完整的指南。1841 年，“布拉德肖”只有区区八页。到 1845 年，它的页数涨为四倍。到 1898 年，它已经有将近 1 000 页——一本铁路旅行者巨型圣经，用小字体双列印刷，附有地图和广告，充满了关于城镇乡村的历史信息以及旅游热点。它也为旅客推荐酒店和景点。其他出版商也出版铁路指南——乔治·塞缪尔·梅索姆（George Samuel Measom）的指南可能是布拉德肖最接近的竞争对手——但没有人可以在广度和单纯的实用性方面与布拉德肖抗衡。

维多利亚时代中期人们开始寻找世俗的圣经：一本书能告诉他们如何在令人困惑和快速变化的世界中安然生活。《万事问答》雄心勃勃地承诺为读者所有可能的问题提供答案，而比顿夫人的《比顿家庭管理全书》是指南书的另一例。事实证明它们非常受欢迎。《布拉德肖手册》也一样：在一个《圣经》对许多人日常生活不再那么重要的时代，《布拉德肖手册》是现代铁路乘客的必选之书。

铁路的出现改变了维多利亚时代人处理生活的根本方式：它改变了人们对时间的观念。蒸汽时代之前，不列颠不同的城镇按照各自的本地时间运转，而铁路改变了一切。为了确保火车根据时间表准点运行，标准时间被确立了，而这让人们变得更加准时。铁路时间成了规律与准确的代名词。整个国家在 1880 年统一采用格林尼治标准时间（Greenwich Mean Time）。是维多利亚时代的铁路创造了我们现代的计时方式。

板球圣经

说起“威兹登”（Wisden），大多数人会想到一本包含了排行榜和表格的大书，该书详细记录了板球比赛的结果和主要选手的“重要数据”。因此《威兹登板球手年鉴》（*Wisden Cricketers' Almanack*）的第一期会令人意外。它于 1864 年出版，只有 112 页，包含了英国内战的英勇故事以及查理一世国王的审判记录。它还充满了其他琐事，比如套环游戏的规则、英国运河的长度以及当年牛津剑桥赛艇比赛的结果。它定价一先令，而如今要买一本这个创刊号，你大约要准备 20 000 英镑。

作为大众公认的“板球圣经”，“威兹登”是世界上运营时间最长的运动年鉴。1924 年，它第一次超过 1 000 页。如今，它的每一个新版本都会超过 1 500 页。它那醒目的黄色封面——如今每个版本都以之为荣——却并非从一开始就有，而是始于 1938 年。在此之前，它封面的颜色变化于黄色、浅黄色和橙红色之间。

由于风湿病，约翰·威兹登（John Wisden）在 37 岁时从板球场上提早退休。风湿病对他成功的板球事业是个严重打击：他被普遍认为是那一代中最好的全才选手。他有一个销售板球设备的小企业，但是一位朋友建议说，威兹登应该编写一份杂志，概括出板球世界所有令人印象深刻的体育记录——至少，传说是这样的。在1850年南北英格兰队的对抗赛中，正是威兹登让对方十个击球员出局。

不幸的是，当威兹登开始编撰他的第一本年鉴时，他意识到，他完全不知道要放些什么在里面，于是他开始用随便什么有趣的琐事填满这些页面，这就是为什么在第一版中，很奇怪地，你可以读到查理一世去世影响的讨论。

1913年，在这本骄傲地带着约翰·威兹登名字的年鉴中，威兹登被追认为年度最佳板球运动员。这时距离他逝世已经将近30年，距离他创办这份每年仍然卖出40 000份的年鉴也几乎已经50年。但1864年才是一切开始的一年，那是英国板球发展史上的重要一年。1864年，七个一流的县板球队成立，而一个名叫W. G. 格雷斯（W. G. Grace）的16岁的年轻人——那时还没有留起他那与众不同的胡子——在椭圆球场（the Oval）上首次亮相。

夏洛克的神笔（Sherlock's Brush with Oblivion）①

阿瑟·伊格内修斯·柯南·道尔爵士（Sir Arthur Ignatius Conan Doyle）以作家身份闻名，但其实他的成就多种多样。他是一个热心的板球运动员，曾为马里波恩板球俱乐部（Marylebone Cricket Club，简称MCC）参加了十场比赛。他板球职业生涯的亮点无疑是一次一流的让对方出局，而这个击球手不是别人，正是板球传奇W. G. 格雷斯。他早期的小说之一帮助创造了“玛丽·西莱斯特”号（Mary Celeste）

① “神笔”（Brush with Oblivion）指的是一种能够让画成真的笔。这里是指插画师丰富了福尔摩斯的形象，增加了书中本来没有的内容。——译者注

相关的现代悬疑故事。1884 年他匿名虚构了一份关于这艘船的“声明”，结果很多报纸将其当作了事实。他写过科幻小说、恐怖故事和历史小说。他的法律倡导促成了英国刑事上诉法院的成立。他甚至试图用他那最著名的文学人物所采用的逻辑归纳法（严格来说并不是推论法），解决现实生活中的开膛手杰克案（Jack the Ripper）。

但是所有这些成就都被他那流传最久的作品人物掩盖了——夏洛克·福尔摩斯（Sherlock Holmes）。如马丁·布思（Martin Booth）在他关于柯南·道尔创作的书《医生与侦探》（*The Doctor and the Detective*）中所说，作为史上最知名的虚构人物之一，福尔摩斯与维多利亚女王一样有名，且比大多数政客更为有名。的确，对于许多读者和粉丝而言，福尔摩斯显得比真人更真。当柯南·道尔在 1893 年的一个短篇小说中杀死福尔摩斯时，一位读者写信给他说：“你个畜生!”两万人取消了订阅连载福尔摩斯故事的《河滨杂志》（*The Strand*）。甚至有传言说，人们戴着黑色的袖章走上伦敦街头，为这位侦探哀悼。十年之后，在大众的要求下，柯南·道尔让福尔摩斯复活了。

大多数人可能会争辩说，在福尔摩斯的“正典”（canon）中，早期的两本是最重要的：《血字的研究》（*A Study in Scarlet*，1887）是这位侦探有史以来第一次登场，而《夏洛克·福尔摩斯的冒险》是让福尔摩斯的名字家喻户晓的短篇小说集。但是还有第三本书可以说比这两者都重要。写下这个故事，就意味着作者还要写这位侦探的其他探险——包括《巴斯克维尔的猎犬》（*The Hound of the Baskervilles*）和其他所有短篇小说。如果没有《四签名》（*The Sign of the Four*，1890）这本书，那么这位侦探可能只登场一次，而《血字的研究》可能是他唯一的案子。

《血字的研究》是道尔在短短三个星期内写完的。那时他正在朴次茅斯艰难地开着一个诊所。

第一部夏洛克·福尔摩斯小说只是不温不火。《血字的研究》被许多出版商拒绝之后，最终发表在《比顿圣诞年刊》(*Beeton's Christmas Annual*)（根据比顿夫人——就是那本烹调和家庭管理书的作者——的丈夫命名）。销量还算可以，但实话实说，这部小说没能席卷出版界。

如果不是因为《血字的研究》的一个有影响力的崇拜者以及他和奥斯卡·王尔德（Oscar Wilde）的一顿及时的晚宴，事情也许就到此为止了。这个曾经读过并喜欢第一部福尔摩斯小说的人是约瑟夫·斯托达特（Joseph Stoddart），即《利平科特月刊》(*Lippincott's Monthly Magazine*）的编辑。在1889年的晚宴中，他说服了道尔写这位侦探的第二部小说。同时在场的王尔德也同意为这本杂志写一本小说——他唯一的小说《道林·格雷的画像》(*The Picture of Dorian Gray*)。《四签名》引起了《河滨杂志》编辑的注意，他认为这位侦探适合成为系列短篇小说的主角，而接下来的故事——如我们常说的那样——已经是众所周知的。

但是，当涉及夏洛克·福尔摩斯时，历史无疑已经成为神话。福尔摩斯戴着猎鹿帽的著名形象是短篇小说插图的产品。随着在《河滨杂志》上的连载，福尔摩斯轰动了世界。插画师西德尼·佩吉特（Sidney Paget）让福尔摩斯在去乡村别墅和小村庄调查时戴着猎鹿帽——在伦敦从来没有戴过——但大多数人认为这个侦探总是戴着这顶帽子去调查案件。

有趣的是，这位插画师可能是除柯南·道尔（Conan Doyle）之外，对这位大侦探的形象贡献最多的人，而他当初得到这份插图工作只是个意外。西德尼·佩吉特因为一个文书错误而成为福尔摩斯的插画师。出版商本来打算雇用他的弟弟沃尔特，但他们不经意间把这封信寄给了他。结果这成了文学插图界最大的意外之喜之一。

手袋?

在 1889 年那场重要的文学晚宴上，柯南·道尔同意写一篇《血字的研究》的续作，王尔德构思了《道林·格雷的画像》，19 世纪 90 年代的两位杰出人物相遇了。当然了，王尔德之后会因为戏剧而不是小说而更加出名，而最让他出名的还是他是奥斯卡·王尔德。

王尔德最初获得世界的瞩目是因为他实际上是第一批现代名人之一。他出名不是因为做了什么，而是因为他是谁。但他的剧本仍然经受住了时间的考验。我们还能记得几个维多利亚时代的剧作家呢？王尔德最著名的戏剧《不可儿戏》（*The Importance of Being Earnest*）在他 1895 年坠落并入狱前不久上演。

虽然王尔德无疑是同性恋（这个词出现的时候，差不多也是王尔德发现自己同性欲望的时候），但是他却是一个有两个儿子的已婚男人。他会为他们编造故事，收集在《快乐王子》（*The Happy Prince and Other Tales*）和《石榴屋》（*A House of Pomegranates*）里。他和妻子康斯坦丝·劳埃德（Constance Lloyd）于 1884 年结婚。王尔德早些时候追求佛洛伦斯·巴尔科姆（Florence Balcombe），但她选择嫁给了亚伯拉罕·布莱姆·斯托克（Abraham Bram Stoker）——未来著名的《德拉库拉》的作者。

但是，王尔德后来开始了双重生活——那些喜欢《化身博士》

（*Dr Jekyll and Mr Hyde*）的维多利亚时代人为之着迷的那种双重生活，其中包括了男妓、年轻的男性仰慕者，以及最著名的阿尔弗莱德·道格拉斯勋爵（Lord Alfred Douglas）。他用“不敢说出名字的爱”来形容自己与王尔德的相互吸引。这种双重生活在《不可儿戏》中以闹剧的方式表现出来，尽管当时的观众看不出戏剧来源于王尔德的生活。剧中有两位男性主角。杰克·沃辛（Jack Worthing）和阿尔杰农·蒙克里夫（Algernon Moncrieff）编造借口连续几天离开他们无聊的日常生活，以便在别处追求快乐。他们的表里不一最终被发现，正如1895年王尔德的双重生活很快就会缠住他一样。正是在同一年，《不可儿戏》迷住了伦敦的戏剧观众。

这出戏剧最知名的台词是两个字：“手袋?”（A handbag?）杰克·沃辛刚出生的时候，被放在手袋里留在伦敦维多利亚火车站。听说这点之后，布拉克内尔夫人说了这句台词。这句台词之所以出名，要归功于伊迪丝·埃文斯夫人（Dame Edith Evans）在一次著名的舞台制作中令人难忘的表演，也要归功于1952年的电影改编。2007年一本第一版的《不可儿戏》被捐赠给英国楠特威奇（Nantwich）的一家慈善商店。应景的是，它也被放在一个手袋里。

另一个德拉库拉

1897年，哥特式小说的粉丝特别喜爱一部小说。其背景设定在当代伦敦烟雾弥漫的黑暗街道，这部小说的主角是一位来自东方的具有超自然力量的神秘外国人物，他刚刚到达英国的首都。这部小说从多个角色的角度讲述，巧妙地引入了维多利亚时代后期人们对大英帝国、同性恋、科学发现和大都市内的犯罪等主题的恐惧和焦虑。首批印刷很快就卖光了，而且它持续流行，早在1919年就被拍成了电影。

上面这段话不是对布莱姆·斯托克的《德拉库拉》的描述，而是对一部不知名——至少在那个时候不知名——销量却超过《德拉库拉》的小说的概括。《德拉库拉》并没有立刻成功。这在许多方面是令人惊讶的，因为斯托克——一位戏剧演员和作家——花了不少力气去推销这本书。他甚至在1897年5月就上演了小说的舞台改编，而这之后几周小说才出版。评论也还不错，《每日邮报》（*Daily Mail*）称赞斯托克比玛丽·雪莱和埃德加·爱伦·坡在恐怖小说的史册上更为重要。虽然如此，但这本书的销量平平，没有什么特别。恐怖小说的受欢迎让它可以重印，但19世纪90年代真正引起轰动的恐怖小说是另一本——《甲虫》（*The Beetle*）。

布莱姆·斯托克小说的早期草稿中，《德拉库拉》原本叫作《吸血鬼伯爵》（*Count Wampyr*）。

理查德·伯纳德·海尔德曼（Richard Bernard Heldmann）用笔名理查德·马什（Richard Marsh）写了《甲虫》。它是典型的维多利亚时代晚期哥特恐怖小说。和夏洛克·福尔摩斯穿行其间的伦敦一样，《甲虫》的世界充满了雾和双座出租马车，而令人厌恶的人物就潜伏在路灯之间的黑暗处。这部小说涉及了《德拉库拉》和夏洛克·福尔摩斯同样涉及的一些事物：伦敦是一个雾气弥漫的充满犯罪和无可言喻的恐怖的罪恶之窟。对伦敦的这种印象也因为1888年开膛手杰克的凶杀案而深入人心。但在此之前，这一印象就在1886年罗伯特·路易斯·史蒂文森的《化身博士》中存在了。

为什么《甲虫》没能和斯托克或史蒂文森的小说比肩？一个因素

可能是因为马什对人物的深层动机相对缺少兴趣。但是小说所缺乏的心理深度，被令人欲罢不能的情节充分弥补了。另一个让它流行的因素是，它名义上的坏人是位英国国会议员。维多利亚时代的人显然喜欢让国会议员认罪伏法。其实，《甲虫》核心的秘密——不能剧透太多——也可以在夏洛克·福尔摩斯故事中找到：为了一桩在大英帝国其他地方犯下的罪行而复仇的故事，一个人终究难逃过去的恶行。

《甲虫》是马什名气的顶点：他或许努力了（他的确够努力的，光是在 1900 年他就出版了八本小说），但他再也没能达到如此成功。到了 20 世纪中叶，马什或许已经被遗忘了，但他有一个著名的孙子。他的孙子是罗伯特·艾克曼（Robert Aickman）——当时最著名的恐怖小说家。

秘密生活

1888 年，伦敦出现了一桩疑案：一个犯罪者身份不明的案件。这个对女人——大多数是妓女——做出这等事的男人是谁？而他又怎么有如此详细的解剖学知识？人们只知道他的化名，而他的真实身份仍然未知——事实上，直到今天人们也不知道他的身份，虽然有几种不同的理论。以上这个描述可不仅适用于令人震惊的可怕的“开膛手杰克”谋杀案。因为在 1888 年开膛手让伦敦闻风丧胆的那一年，出现了一本可耻的书，它讲述了一个与你那普普通通的维多利亚时代小说不一样的故事。

《我的秘密生活》的作者被简单地称为“沃尔特”。它是对维多利亚时代男性的猎艳功绩猥亵而直率的记载。每一页上都能看到性。在狄更斯的小说中，你不会看到太多性交，虽然狄更斯的世界里到处都是孩子。他们都来自哪里呢？多亏了穆迪流通图书馆和其他有影响的流通图书馆的限制，那些礼服和背心的扣子仍然牢牢地扣着。这种审查制度在一定程度上导致托马斯·哈代在19世纪90年代中期放弃了小说写作。这甚至成了他1891年的小说《德伯家的苔丝》的主题：对于性的真实情况缺乏坦率态度，以及一些男人为了达到目的会采用哪些手段。

“沃尔特”，不管他是谁，永远不能被指责对于交媾这件事忸怩作态。无数的由四个字母组成的那个词[①]点缀于他对肉体冒险的记录，像是艳丽的调味料。在书中出现这样的词会导致任何敢于出版的出版商被立即起诉，所以《我的秘密生活》是在阿姆斯特丹印刷，然后走私到英国的。1888年至1894年间，共印出11卷100多万字，《我的秘密生活》成为色情版的《战争与和平》。事实上，相比之下，《战争与和平》甚至看起来像是一个苗条的中篇小说。

而《我的秘密生活》与其说是真实的回忆录，可能不如说更像是一本“小说”，即便它表面上声称一切都是真实的。是谁写的它？许多学者把他们的宝押在亨利·斯宾塞· 阿什比（Henry Spencer Ashbee，1834—1900）身上。这位书籍收藏家对维多利亚时代的学术研究做出的另一个伟大贡献是编纂了三卷本的色情文学书目。主流的维多利亚小说家可以通过影射暗示的东西，阿什比都直言不讳。维多利亚时代的文学充满性暗示，充满那种让懂行的年轻男子一看到就会窃笑的双关语。例如，《雾都孤儿》（*Oliver Twist*）中的查理·贝茨（Charley Bates）在整部小说中都被叫作“贝茨少爷”（Master Bates）[②]。安东尼·特罗洛普（Anthony Trollope），或许他意识到自己的名字饱含性暗示[③]，于是甚至在他的小说《养老院院长》（*The Warden*）中把一个

① 指的是英文的fuck。——译者注

② 这个称呼与“masturbate”（手淫）谐音。——译者注

③ “Trollope”与“trollop”（妓女）谐音。——译者注

律师事务所命名为“考克斯和卡明”（Cox and Cumming）①。但对性行为的详细描述还要留给“沃尔特”，或是阿什比——如果他确实是作者的话。

直到1995年，距离《我的秘密生活》最后一部出版之后一个多世纪，英国读者或“绅士的特殊兴趣”爱好者才能合法而轻易地得到这本书。这本书的读者永远不可能多过《大卫·科波菲尔》（*David Copperfield*），但它的价值在于展示了维多利亚时代文学的另一面——你无法在穆迪的书架上或W. H. 史密斯的铁路书摊上看到的一面。

---

① “Cox”与“cocks”（鸡巴）谐音，“Cumming”疑与“coming”（高潮）谐音。——译者注

第七章 美国人

1663年美国印刷了第一本《圣经》，它用的是阿尔冈昆语。我以这个事实开头，不仅仅因为这是一个好的事实（尽管我认为是这样），而且因为它提醒我们，从一开始，美国文学传统及其产生的书籍就有些不同。它作为一个新的国家——与欧洲代表的“旧世界”迥然相异——意味着它需要一种新的写作方式，以便反映其处于政治、社会和文学发展前沿的感觉。在1776年签署《独立宣言》和美国成立之后，这种崭新的感觉进一步增强。在接下来的几十年里，各种作家都会从旧的文学风格中宣布独立，找到书写他们的国家和人民的新方法。

“伟大美国小说”这个概念就很好地说明了这点：这些小说概括了美国及其特质，它们是一种现代的国家史诗。一些评论家说决定性的伟大美国小说还没有出现；另一些人认为伟大美国小说包括19世纪赫尔曼·梅尔维尔（Herman Melville）的《白鲸》（*Moby-Dick*）或是20世纪斯科特·菲茨杰拉德的《了不起的盖茨比》。本章讲的不是伟大美国小说，而是不那么知名的小说，还有诗歌、古怪的回忆录、现代民间故事、《圣经》史诗，甚至还有关于软体动物的书。但是在一些细微的方面，它们全都反映了合众国从早期殖民地——在它既不是“国”，也没有“合众”的时候——开始的发展，也反映了美国历史上最著名的作家认为值得写的一些事。它们是反映了美国梦，还是反映了一些不那么梦幻或美好的事情，每本书各有差异，但它们展示出美国从诞生到成为强国的经过。所以，如果你想知道为什么路易莎·梅·奥尔科特（Louisa May Alcott）试图禁止《哈克贝利·费恩》（*Huckleberry Finn*），或是华盛顿·欧文（Washington Irving）和女士内衣有何关系，就请读下去吧。

第十位缪斯

1666 年，大火吞噬了诗人安妮·布拉德斯特里特（Anne Bradstreet）的藏书相当可观的图书馆。这次火灾发生在七月——那场吞噬了伦敦并且被约翰·伊夫林写入日记的大火发生之前两个月，而且它发生在大西洋的彼岸。虽然她 1612 年出生于英格兰，但到 17 世纪 60 年代中期，布拉德斯特里特已经生活在马萨诸塞州的安多弗（Andover，Massachusetts），而且她以诗人的身份成名——实际上，她是第一个在美国出版诗集的人。布拉德斯特里特的祖先可以追溯到伊丽莎白女王的宠臣，即著名的莱斯特伯爵（Earl of Leicester）罗伯特·达德利（Robert Dudley）。1630 年，在最初的移民乘坐“五月花”号从英国驶往新世界之后仅仅十年，安妮就和她的丈夫离开了英格兰的波士顿（Boston，England），乘坐“阿贝拉”号（Arbella）驶过大西洋，在马萨诸塞州建立了一个新的殖民地。他们以他们离开的英格兰城镇为这个地方命名，就这样，波士顿市成立了。那年晚些时候，布拉德斯特里特一家搬到了波士顿以北几英里，在“新城”（the newe towne）安顿下来。这个地方之后被命名为剑桥（Cambridge）。几年之后，哈佛大学将在此建立。

布拉德斯特里特的祖先可以追溯到伊丽莎白时代的政治家和诗人菲利普·西德尼爵士。[①] 他的作品将会影响她。

当时的生活环境对于诗歌创作可并不友好。早期的殖民地生活是艰辛的——人们的预期寿命不长——而且美国的早期殖民者没法带很多书。如罗伯特·P. 埃利斯（Robert P. Ellis）所说，“少有诗人在比这更考验人的环境下学习他们的技艺”。然而她还是学会了写诗。她姐妹的丈夫在 17 世纪 40 年代后期回到了英格兰，随身带了一捆她的诗。它们 1650 年在伦敦出版——恐怕没有得到作者本人的同意。书名是《第十位缪斯近期在美国出现》（简称《第十位缪斯》）。自萨福之后，还没有女人被冠以这个称号。

随着《第十位缪斯》在 1650 年发表，布拉德斯特里特不仅成为第一位来自“新世界”的出版作品的诗人，也成为全世界最初发表一整本诗集的女诗人之一。1678 年她去世后出版的一版诗集中增加了不少新诗。这些诗以直白地谈论婚姻之爱而引人注意，这个话题在那时可并不常见。这些诗是对“新世界”的早期殖民者艰难生活的见证：布拉德斯特里特的许多诗是对上帝的吁求，请求从发烧中康复，请求让她的丈夫从“灼人的疟疾”中恢复，请求从一阵阵的晕眩中被释放。但是面对生活的艰辛，布拉德斯特里特看上去是一位耐心的受苦者。值得注意的是，短语“来得容易去得快”（easy come，easy go）最初的使用之一就出现在《第十位缪斯》中：“那来得容易之物，去得也容

① 菲利普·西德尼爵士与上文所提及的罗伯特·达德利也有亲属关系，故如是说。——译者注

易。”（For that which easily comes，as freely goes.）

让布拉德斯特里特和同辈不同的一点是她的直率。在她写给她孩子的一封信中，她坦白地说，当她是个小姑娘的时候，她经历过“肉体的”（carnal）欲望、空虚和对于宗教信仰的犹豫。另一件值得注意的事情是，她的诗歌是属于她自己的：不像之前的许多英语女诗人，比如乔安娜·拉姆利和玛丽·西德尼，布拉德斯特里特写的是自己的生活，而非翻译男人们的话。她的诗写给她的父亲、丈夫和孩子。她写自己和她在马萨诸塞州的殖民者同伴们。虽然她恐怕不能被称为自白诗人（confessional poet），但20世纪50年代，即《第十位缪斯》出版之后300年，美国重要的自白诗人约翰·贝里曼（John Berryman）写了一首长而真诚的诗《向布拉德斯特里特女士致敬》（*Homage to Mistress Bradstreet*）。

布拉德斯特里特的名声在她1672年去世后持续了大约30年。科顿·马瑟（Cotton Mather）1702年还在赞扬她。但是自此之后，她差不多从美国人的意识中消失了整整一个世纪。如今她依然没有得到应有的关注，虽然在过去的一个世纪她的名声有所恢复。声称自己是安妮·布拉德斯特里特后人的人物中，包括了赫伯特·胡佛总统（Herbert Hoover），两位奥利弗·温德尔·霍尔姆斯（Oliver Wendell Holmes）和更晚些的政治家、总统候选人约翰·克里（John Kerry）。对于她这些更加有名的后代而言，政治而非诗歌才是生活的主题。

纽伯里波特怪人

1640年，在布拉德斯特里特和她的家人建立剑桥之后不久，清教徒在马萨诸塞州的莫尔登（Malden）定居下来。在距离剑桥仅几英里远的莫尔登，美国文学中最古怪的人物之一将在一世纪后的18世纪40年代诞生。

蒂莫西·德克斯特（Timothy Dexter）在文学怪人年鉴中经常被忽略。他出生在一个贫穷的家庭，被称为“纽伯里波特怪人”（Newburyport Nut），后来他自称为蒂莫西·德克斯特“勋爵”（Lord），即便似乎只有他一个人这样看待自己。他是个精明的商人，从他卑微的家庭中上升，通过各种各样的精明的投机积攒了一笔小小的财富——与一个有钱的寡妇结婚也许是最为精明的一招了。（他后来会假死，并用手杖打妻子，责怪她在模拟葬礼上表现得不够悲伤。）妻子的钱让德克斯特能够实施一堆疯狂的计划。他最赚钱的活动是将野猫进口到加勒比，作为防治鼠害的方法。这个猫事业比笛福100年前的猫事业更加成功。德克斯特成功地做到了人们普遍认为不可能的事情——运煤到纽卡斯尔（Newcastle）（当时是矿工在罢工），他甚至说服了西印度群岛的人买下他的勺子，而它们其实是长柄暖床炉（warming-pans）。

德克斯特具备商业直觉，生活中却缺少传统智慧。据说他买一些自己读不了的书。他告诉马萨诸塞州纽伯里波特的本地人，他的妻子已经死了，而在他房子里游荡的那个是她的鬼魂——对他的妻子来说这可是个新闻，因为她还好好地活着呢。但他具有一种大摇大摆的自信神气，这让人们不得不考虑他说的话。他做了一尊自己的雕像，上面刻着：“我是东方的第一、西方的第一和西方世界最伟大的哲学家。”没有多少人会赞同这些自我评价，但许多人欣赏他的勇气。三千人出现在他的葬礼上——或者说是他的模拟葬礼。在1800年，三千人可是全纽伯里波特人口的一半。

但是德克斯特真正走运还是在钱方面，特别是美国独立战争之后贬值的那种老式美国钱。1802年他出版了一本关于他的成功的书《给博学者的泡菜》(*A Pickle for the Knowing Ones*)。这本书没有标点符号。在之后的版本中，他印出了一系列标点符号并建议读者自己添加，好像用逗号和句号在这里或那里调味一样。这本书也充满了拼写错误的单词并且难以卒读。第一句话就让我们感受到了这点：

> 我系阿美利家何种国的第一位纽伯里波特勋爵这是人民的声音我没办法所以随它去吧现在我必须成为勋爵未来更多勋爵不要伤害猫也不要伤害老鼠也不要伤害儿子也不要伤害水也不要伤害空气

只有上帝（Lord）——或者说德克斯特勋爵（Lord Dexter）——知道这是什么意思。[①] 我说“第一句话”，但当然，其实整本书就是第一句话，因为反正没有任何句号。

这本书的副标题是“穿朴素连衣裙的简单真相”，它不只是关于德克斯特的生活，也有他对从宗教到当代政治到他的妻子的一切事情的评论。德克斯特出现在本书的名单上，与其说是因为他的文学品质，不如说是因为他是美国进取精神的超乎寻常的体现。以后，马克·吐温（Mark Twain）这样的作家会代表这种进取精神（他拥有更多的文学技巧，但比起德克斯特他却是一个不太成功的商人）。但是我们在德克斯特的商业交易中发现的创新精神和自信心同样可以在他的这本有趣的小册子中看到。他根本不在乎自己的书是否违反惯例，他决定放弃传统的（甚至是任何的）标点符号。在沃尔特·惠特曼（Walt Whitman）和艾米莉·狄金森（Emily Dickinson）等 19 世纪的美国作家发明一种可以被认为是美国式的诗歌新风格之前，德克斯特在散文《给博学者的泡菜》中宣布他的国家的文学独立。在文学角度，它不算

① 这里的“Lord”一语双关，既指上帝，也指勋爵。——译者注

一个太好的开始，但它毕竟是一个开始。

美国的第一位作家

华盛顿·欧文据说是第一位真正伟大的美国作家。他出生于1783年，以美国独立战争的英雄之一命名。也是这场战争使得蒂莫西·德克斯特如此富有。那场战争的英雄乔治·华盛顿（George Washington）于1789年成为新成立的美利坚合众国的第一位正式总统。欧文出生在纽约，他将帮助这个城市进入文学地图。

事实上，欧文的第一本书是幽默的纽约历史，并取得了巨大的成功。《纽约外史》（*Knickerbocker's History of New York*，1809）如此受欢迎，以至于欧文的虚构人物迪德里希·尼克博克（Diedrich Knickerbocker）名字中的"尼克博克"被用来称呼纽约居民；它也会在未来成为"圣代冰激凌"（Knickerbocker Glory）的名字。更进一步，它也给了我们"女性内裤"（knickers）一词。自那以后，这个词就一直被使用。

> 华盛顿·欧文创造了短语"万能的美元"（the almighty dollar）。

欧文还帮助创造了许多其他的纽约神话，他给这个新的城市和国家一种历史感和身份。1807年，在讽刺期刊《大杂烩》（*Salmagundi*）中，他第一个将纽约称为"哥谭市"（Gotham City）。欧文从英国诺丁汉郡村（Nottinghamshire village）借来了这个名字。据说那里是愚民居住的地方。这个传说本身是从中世纪故事"哥谭的智者"（Wise

Men of Gotham）中衍生的。故事说，在 13 世纪，约翰王想在村子附近建一个狩猎小屋，但是因为这个村里的人看起来有点愚蠢，他最终还是放弃了。当国王的人马到达时，他们发现村民们在做非常愚蠢的事情：试图淹死鳗鱼，或者把奶酪滚下山坡，希望它们能自己找到去诺丁汉集市的路。约翰王立即把他的小屋建到了别的地方。当然，从欧文创造“哥谭”这个名字以来，蝙蝠侠（Batman）系列漫画和电影在美国乃至整个世界人的心目中巩固了“哥谭市”这个词。

欧文的两个仍然广为人知的故事是《瑞普·凡·温克尔》（*Rip Van Winkle*）和《睡谷的传说》（*Sleepy Hollow*）——一个新国家的现代传奇故事。这些都出现在《见闻札记》（*The Sketch Book of Geoffrey Crayon, Gent.*，1819—1820）之中。《瑞普·凡·温克尔》是欧文 1819 年住在英格兰的时候写的，讲的是一个人在卡茨基尔山（Catskill Mountains）入睡，20 年后醒来发现他的妻子死了，儿子已经长大成人。《睡谷的传说》是一年后（1820 年）写的，成了万圣节的经典之作。奇怪的是，给了我们这两个关于睡觉的故事的作者，自己却受失眠之苦：也许欧文的小说是他享受一夜安眠的方式，这种安眠他只能在梦里——白日梦里——才能享受。

欧文也帮助创造了现代的圣诞节。查尔斯·狄更斯经常被认为发明了圣诞节，提倡对每个人都有善意，恢复过时的旧习俗以及圣诞大餐。的确，在 19 世纪初叶之前，中世纪的圣诞节庆祝活动已经开始衰落，但是狄更斯不是让它们流行的第一个人。他自己深受欧文的影响。其实，1823 年匿名发表的诗歌《圣尼古拉斯的拜访》（*A Visit from St. Nicholas*）（也叫作“这是圣诞前夜”）被认为创造了圣诞老人和他飞翔的雪橇和驯鹿的神话。但欧文的创造比这首诗还要早：1812 年他在修改《纽约外史》时增加了一篇，帮助创造了“圣诞老人”这个新概念。如狄更斯一样，他写了五篇圣诞故事，也和狄更斯一样，他支持已经衰落的传统习俗（这也是他在英国期间所经历过的）。所以下次你在节日篝火旁啜饮蛋酒时，别忘了举杯敬欧文一杯，是他帮助发明了我们所知的圣诞节。

爱伦·坡的软体动物

如果问埃德加·爱伦·坡的书迷们，他们最喜欢爱伦·坡的哪一部作品，有一些想法会首先进入他们的脑海：《帖木儿和其他诗篇》（*Tamerlane and Other Poems*）——这是他的第一本书，这本书的第一版稀有且珍贵；《怪异故事集》（*Tales of the Grotesque and Arabesque*）——其中包括了他最经典的一些小说，比如《厄舍府的倒塌》（“Fall of the House of Usher”）；或者是《乌鸦和其他诗篇》（*The Raven and Other Poems*），因为它包含了《乌鸦》这首诗和最适合万圣节的故事。但连爱伦·坡的死忠读者也不太可能会回答他最喜欢的是《贝壳学家的第一本书：或有壳软体动物学，专为学校而编》（*The Conchologist's First Book*：*or*，*A System of Testaceous Malacology*，*Arranged Expressly for the Use of Schools*）。别的不说，这个书名听起来就不像能够畅销。

但正是这本关于有壳软体动物的书，成了爱伦·坡一生当中最流行的书。它是爱伦·坡的所有书中唯一畅销到能够再版的一本。它最初于 1839 年出版，1840 年和 1845 年又出了新版。到爱伦·坡 1849 年去世的时候，它毫无疑问是爱伦·坡作家生涯中销量最多的书。看来，蜗牛还挺畅销。

爱伦·坡怎么写了一本有关软体动物的书，这让人好奇。他的一位朋友托马斯·怀亚特（Thomas Wyatt）曾经就软体动物写过一本书，出版于1838年。不幸的是，它定价很高，几乎一本都没卖出去。怀亚特希望通过他的软体动物赚钱，但他的出版商推出的高价版几乎不可能打进畅销排行榜。为了解决这个问题，他安排推出了一个删节的廉价版本。书的出版商不同，书名页上的作者名也不同。爱伦·坡就是在这里进入这个故事的。爱伦·坡写短篇小说和诗歌，几乎没赚到多少钱，尽管他促进了侦探小说和科幻小说这些现代文学流派的形成，更别提他对恐怖小说的贡献了。所以做少量工作赚一点外快看起来是个不错的主意。因为编辑工作，爱伦·坡得到了五十英镑，还得到了廉价版的怀亚特贝壳书的署名。

大多数爱伦·坡的传记作者都用一个词来形容《贝壳学家的第一本书》：平庸之作。斯蒂芬·杰·古尔德（Stephen Jay Gould）在《干草堆中的恐龙》（*Dinosaur in a Haystack*）中给爱伦·坡的这本书评价还不那么差，他把《贝壳学家的第一本书》——以及爱伦·坡对它的贡献——视为普及博物学的一本重要著作。首先，这本书的创新之处在于它不仅写了贝壳，也写了贝壳所属的软体动物。此前大部分贝壳学研究——包括爱伦·坡借鉴的那两本——倾向于聚焦在贝壳上，而对于分出了贝壳的生物缺乏关注。爱伦·坡不但论述了贝壳，也论述了软体动物。就我们所知，这是他自己的想法。这说明虽然他对这个主题所知有限，但他知道如何把信息包装起来，使其对外行也有吸引力。爱伦·坡从法国解剖学家乔治·居维叶（Georges Cuvier）那里拿来了大部分所需的材料，创造了一本新书。他把软体动物和它们的外壳视为一个连贯的、需要被一起理解的整体。这本书或许不在许多爱伦·坡迷的书架上，即便是他最热心的仰慕者也没有这本书，但它展示了爱伦·坡综合多种力量形成一种有力的新东西的非凡能力。如他的科幻小说和他的侦探故事一样，《贝壳学家的第一本书》是爱伦·坡大胆创新的范例。

愚人节之书

《白鲸》如今被认为是最伟大的美国小说之一，但它并非一直受如此礼遇：这本书无疑标志着作者命运的转折，但并非好的转折。赫尔曼·梅尔维尔（Herman Melville）在职业生涯早期的作品叫好又叫座。他的小说《泰比》（*Typee*）和《奥穆》（*Omoo*）讲述了南海上的户外冒险故事。美国公众感激地享用着它们。《白鲸》提供的却是截然不同的东西，它最初出现的时候受到了充满敌意的评论。梅尔维尔的职业生涯从未从这本书的惨淡登场中恢复过来，他晚年成了无名之辈。直到 20 世纪，尤其是现代主义文学兴起之际，梅尔维尔的作品才被重新发现并得到真正的欣赏。

> 1863 年到 1887 年之间，每年平均有 23 本《白鲸》售出。如今它每年的销量比它在整个 19 世纪的销量还要大。

因此他晚期的小说《骗子》（*The Confidence-Man*，1857）在出版时几乎被完全忽视了，即便今天也只有少数梅尔维尔的忠实粉丝才知道它。像许多之后的小说一样，比如詹姆斯·乔伊斯的《尤利西斯》、弗吉尼亚·伍尔夫的《达洛维夫人》（*Mrs Dalloway*），还有伊恩·麦克尤恩（Ian McEwan）的《星期六》（*Saturday*），这个故事也是发生在一天之内——四月一日（这也是小说出版的日子——但这个时间巧合对销量并没什么帮助）。小说选择这个日子再合适不过，因为它讲的是愚人和愚弄人的故事，这点在小说名字上就显露无遗。梅尔维尔的小说详细地描绘了沿着密西西比河的航行，采用的形式是汽船上的旅客所讲的一系列故事。旅客之一是个骗子（trickster）——那时在美国社会这还是个新词儿。他试图骗他的同行旅客。旅客之一的原型可能是埃德加·爱伦·坡，他对骗局和骗术并不陌生（爱伦·坡的短篇故事之一《气球骗局》详细虚构了一整个乘坐气球穿越大西洋的故事，但把它当作真实事件呈现出来，轻信的公众当真被蒙住了，而发表这个故事的报纸不得不撤回了报纸）。《骗子》是一本让读者动脑子的书，它的风格是玩笑模糊的，它的效果是微妙徐缓的。如之前的《白鲸》一样，这可不是 19 世纪 50 年代的美国人想要的东西。他们想要的是《汤姆叔叔的小屋》（*Uncle Tom's Cabin*）或是像梅尔维尔早期小说那样的东西。

所以没什么人注意到《骗子》。评论家不太知道应该如何回应这部小说，但颇为一致的是，都没有重视它。有一位评论家质疑它是否算得上一部小说，他不知不觉间预言了 20 世纪围绕詹姆斯·乔伊斯和弗吉尼亚·伍尔夫小说的争论——他们同样写的是一天之内的故事。这本书出版之后不久，梅尔维尔的出版商破产了——因为梅尔维尔的这本书销量太糟糕。梅尔维尔放弃了写小说，找了一份海关职员的工作。1982 年，《骗子》被美国作曲家乔治·罗奇伯格（George Rochberg）特意改编为歌剧。这又是一次失败。没人对《骗子》有信心。但一小群读了它的爱好者很喜欢它。杰克·凯鲁亚克（Jack Kerouac）在 100 年后成了这本小说的粉丝。他认为这本书很适合在嗑药后阅读。

汤姆叔叔

哈里特（Harriet）和林肯见面的故事广为流传。在 1862 年感恩节前后，美国总统亚伯拉罕·林肯（Abraham Lincoln）与哈里特·比彻·斯托（Harriet Beecher Stowe）见面。哈里特是十年前即1852年出版的流行反奴隶制小说《汤姆叔叔的小屋》的作者。林肯见面就对哈里特说："所以你就是那个小妇人，写了那本书引起这场战争！"

这次重大的见面——领导战争的总统和引发战争的作家会面——如许多很棒的逸事一样，完全是杜撰的。林肯和哈里特或许的确在1862年底在白宫见过面，但据说是林肯所说的那句话直到34年之后才在印刷物中出现。它第一次出现是在哈里特的传记作者安妮·菲尔兹（Annie Fields）在1896年的《大西洋月刊》（*Atlantic Monthly*）发表的一篇文章中。如丹尼尔·R. 沃拉罗（Daniel R. Vollaro）在《亚伯拉罕·林肯协会期刊》（*Journal of the Abraham Lincoln Association*）中所指出的那样，这个逸事从未被哈里特本人证实过。林肯的传记作者们没提到这件事，而对总统每日活动的详细记录《每日林肯》（*Lincoln Day by Day*）也没有提到与哈里特的会面。即便是引用他这句话的作者们，也无法对具体的措辞达成一致。即便是哈里特自己的亲戚们对这次会面的描述也大相径庭：有人说它发生于11月25日，其他人说是在12月2日。阿瑟·里斯在《剑桥美国小说家指南》（*The Cambridge Companion to American Novelists*）中哈里特那一章认为，这里还有个历史问题：当哈里特和林肯见面时——假设会面真的发生了——《解放黑人奴隶宣言》（*Emancipation Proclamation*）还没有签署，还没有人能确定美国内战会是一场"针对奴隶制的战争"（war on slavery）——如（据说是）林肯的话所暗示的那样。其实，哈里特与总统见面的原因是敦促他颁布《解放黑人奴隶宣言》，而林肯确实照做了。

然而林肯的话——虽然可能是虚构的——却概括了哈里特的小说对美国公众的影响。除了《圣经》之外，它是整个19世纪销量最多的书，而且它无疑在提高废奴事业的关注度方面起到了作用。《帕特南杂志》（*Putnam's Magazine*）甚至称它为“书籍制作的第一次真正成功”。但它的影响也并非完全正面的：它对顺从的汤姆叔叔的描绘成了对美国黑人的刻板印象。汤姆是个黑奴，他被他那善良的主人卖到了密西西比河下游——为了换得一些钱。结果他被一个残暴的种植园主勒格雷（Legree）买去了。勒格雷试图击垮汤姆坚定的基督教信仰（而且几乎成功了）。最终勒格雷意识到他无法碾碎汤姆的精神，但他可以让汤姆挨打。汤姆死于伤口感染，还用他的最后一口气宽恕了勒格雷。这部小说带有强烈的基督教虔敬精神，其化身就是书名中的主人公，它也拨动了日益对奴隶制感到不安的美国公众的心弦。即便《汤姆叔叔的小屋》并未引起内战（而林肯从未认为是它引起了内战），它也促进了人们支持废奴。

这本小说在英国由塞缪尔·比顿（Samuel Beeton）出版，他就是后来写了《比顿家庭管理全书》的比顿夫人的丈夫。这本书在大洋[1]两岸都很成功，它甚至产生了它自己的一个文学类型：“反汤姆”文学。这类小说挑战哈里特所描绘的奴隶制南方。其中最流行的一本小说是玛丽·亨德森·伊斯门（Mary Henderson Eastman）写的，针锋相对地命名为《菲利斯阿姨的小屋》（*Aunt Phillis's Cabin*），并且在哈里特出书的同年晚些时候出版。

马克·吐温的回忆录

即便林肯其实没有说过“一本书引起了美国内战”的话，这也已

① 指大西洋。——译者注

经成了围绕这场战争的一个神话。马克・吐温是哈里特的邻居并且有一本题词版的《汤姆叔叔的小屋》。有趣的是，在他的书《密西西比河上的生活》（*Life on the Mississippi*）中，马克・吐温的确提出了一本小说引发美国内战的观点。但更让人惊讶的是，他想的是另一本书：沃尔特・司各特爵士（Sir Walter Scott）的《艾凡赫》。那是在美国内战前40年出版的一本书。

根据马克・吐温的观点，塞万提斯的《堂吉诃德》让世界从骑士的浪漫概念中矫正过来，而《艾凡赫》又恢复了它。它那对中世纪封建主义的美好想象在19世纪中叶的美国南方流行，而这直接鼓励了导致美国内战在19世纪60年代爆发的那种心态。

《密西西比河上的生活》半是回忆录，半是旅行书。它对比了南北战争前的美国和内战结束20年后废除了奴隶制的美国。战前，马克・吐温还是个叫作塞缪尔・克莱门茨（Samuel Clemens）的年轻人，在密西西比河的汽船上做领航员。马克・吐温以一个大胆的声明开头："关于密西西比河的书很值得一读。这不是一条普通的河流，而是各方面都卓越的一条河流。把密苏里河当作它的主支的话，它就是世界上最长的河——4 300英里。"（这确实能让它成为世界最长的河流，以微弱的优势胜过尼罗河。但是让马克・吐温很遗憾的是，没有其他人把密苏里河算作密西西比河的一部分。）书的其他部分在这个开头后进展顺利，突出了这条河的历史和它近年所发生的变化（铁路作为相对新鲜的运输方式，给这条河带来了商机）。本质上，它是对一种逝去生活的挽歌。

自从马克・吐温作家生涯的早期开始，他就和密西西比河奇异地交织在一起。他的笔名就来自这条河：他在汽船上做领航员时第一次听到了“水深两英寻”（by the mark twain）的叫声，这是测深员的传统叫法，标志着河水在此处深两英寻①。年轻的塞缪尔·克莱门茨之后开始作家生涯时，想起了这个术语。

> 1871 年，马克·吐温发明了最初的文胸肩带之一。

《密西西比河上的生活》出名的方式很奇怪，它是第一本在打字机上完成的书——至少是第一本由优秀的作者在打字机上完成的书。许多人以为第一本这样的书应该是马克·吐温 1876 年的《汤姆·索亚历险记》（*The Adventures of Tom Sawyer*），部分原因是马克·吐温自己在《马克·吐温自传》（*Autobiography*）中重复了这个神话。看起来正相反，《密西西比河上的生活》才应该得到这个荣誉。马克·吐温本人没有为这本书准备打字稿，因为他在 1874 年买来的打字机让他如此生气，以至于他打出了一连串骂人的话。（吐温自己说：“生气的时候，数到四；非常生气的话，就骂人。”）他不得不放弃了这台打字机。他转而用口述的方式完成了《密西西比河上的生活》。有意思的是，马克·吐温著作的历史还与现代打字机的发展有关。雷明顿（Remington）是生产马克·吐温自己的打字机的公司，它也制造了许多内战中使用的步枪。

典型的女孩故事

虽然欧内斯特·海明威（Ernest Hemingway）曾有著名的评论，

① 1 英寻约为 1.829 米。——译者注

认为全部的美国文学皆来自“马克·吐温写的一本叫作《哈克贝利·费恩》的书”，但并非所有人都是这本书的粉丝。路易莎·梅·奥尔科特（Louisa May Alcott）就是这样一个人。她与她新英格兰的朋友们一道，甚至试图要禁止这本书，这些朋友包括了亨利·戴维·梭罗（Henry David Thoreau）和拉尔夫·沃尔多·爱默生（Ralph Waldo Emerson）等有影响力的杰出人物。“如果克莱门茨先生想不出什么更好的东西来讲给我们那头脑纯洁的小伙子和小姑娘们，他最好就不要再为他们写作。”让这件事显得很特别的是，奥尔科特在许多方面是个进步的人，她相信种族平等和女权。她是马萨诸塞州康科德（Concord）第一位注册投票（选举学校委员会）的女性。而且，许多年里，奥尔科特并不想为头脑单纯的“小姑娘们”写作。然而在 1868 年她还是这样做了。她写了一本如今被视为“年轻人”小说（“young adult” fiction）经典之一的小说：《小妇人》（*Little Women*）。

表面看来，没人比路易莎·梅·奥尔科特更不可能写出典型的女孩故事了。写《小妇人》之前，她用笔名 A. M. 巴纳德（A. M. Barnard）、奥兰溪·布拉格（Oranthy Bluggage）和密涅瓦·穆迪（Minerva Moody）写恐怖小说、“可怕的”罗曼史和冒险故事。其书名包括《波琳的欲与罚》（*Pauline's Passion and Punishment*）、《神秘钥匙及其所打开的》（*The Mysterious Key and What It Opened*）。女孩小说并非她选择的文学类型。事实上，她在日记中承认她从不喜欢女孩（她是否把年轻的自己也算在内，我们不得而知）。她曾经甚至不想写《小妇人》，但她的出版商对写作这本书这个想法很感兴趣。她自己认为这种书是“年轻人的道德胡话”。如果是这样，它们也是——如她的出版商认为的那样——有利可图的胡话。她同意尝试一下，虽然她在写作时认为这个故事“呆滞”（dull）。书的暂定名是《可悲的一家》

(*The Pathetic Family*)。是她的出版商尼尔斯(Niles)建议改名为《小妇人》。这是个精明的书名,让人不把它作为一个小女孩的故事,而是联想到青少年及其考验、创伤和责任(至少这些是 19 世纪适合出版的话题)。故事人物是基于奥尔科特自己的姐妹;乔(Jo)是奥尔科特的自画像。

《小妇人》成了一种现象。在弗兰克·普雷斯顿·斯特恩斯(Frank Preston Stearns)的《康科德速写》(*Sketches from Concord*)中,他回忆道:"严肃的商人和律师早上去市中心的路上彼此问候:'你读《小妇人》了吗?'而且说着就笑了。"(最年长的终究是最好的。)这部小说也标志着女孩小说的本质发生了巨变。它们一直都很流行。在奥尔科特之前,最成功的小说是 1850 年出版的《大大的世界》(*The Wide, Wide World*),作者是伊丽莎白·韦瑟雷尔(Elizabeth Wetherell)——其实是苏珊·B. 沃纳(Susan B. Warner)。它甚至和《汤姆叔叔的小屋》一样畅销。但女孩小说倾向于道德说教腔调太浓,而且充斥着过多的多愁善感。奥尔科特的小说改变了这一切。她用让真实的小妇人有同感的方式描绘普通女孩的生活。《小妇人》中的许多事件其实是基于奥尔科特姐妹的真实经历。

奥尔科特寿命足够长,见到了马克·吐温的《哈克贝利·费恩》在 1885 年出版(并且她没能成功禁止这本书)。她死于 1888 年她父亲去世后两天。巧的是,她和她父亲的生日也是同一天。

诗歌——匆忙完成

自从安妮·布拉德斯特里特 1630 年到达马萨诸塞州以来,这个州为美国贡献了不少女性作者。路易莎·梅·奥尔科特成了马萨诸塞州最重要的女性作家，因为《小妇人》和它的续集而成了文学名人。但是当奥尔科特因她的畅销书版税丰收之际，马萨诸塞州的另一位作家却在默默无闻中写作。

她的名字叫作艾米莉·狄金森（Emily Dickinson，1830—1886），而且她写了许多诗——大约有 1 800 首，但她有生之年只发表了不到一打的诗。她有几首诗出现在 1864 年的一个选集《鼓点》（*Drum Beat*）之中，这是为了给内战中的联邦士兵募捐而出版的。1890 年——她去世后四年，她的诗才第一次以书籍的形式展现在美国公众面前。

如 19 世纪的美国诗人沃尔特·惠特曼一样，狄金森拒绝按照既成的方式创作诗歌。惠特曼是自由诗（free verse）——不押韵的诗——的先驱，对此罗伯特·弗罗斯特（Robert Frost）嗤之以鼻，称之为“不用球网打网球”。如果这个类比是真的的话，那么可以说狄金森连球拍都懒得用了。她的许多诗不押韵。她偏爱四行诗（quatrain），喜爱民谣，但她不用这类诗中常用的规律的节奏和韵律，她的诗也没有很多传统的叙述。她的大多数诗没有题目。她坚持让自己的诗行充满破折号，这会成为她的专属标志，但这也让最初的读者和出版者感到困惑。许多出版商悄悄修改了她的诗，以便照顾 19 世纪保守的品位。她的诗是另一篇文学独立宣言，但要等到她去世之后，这种创新风格才被人认可。

> 艾米莉·狄金森的墓志铭是她自己写的，只有两个字：“召回”（called back）。

她所选择去写的事物常常也很奇怪、古怪，简言之，“无诗意”。

许多诗人曾经处理过死亡的主题，但狄金森写的是临终病床上嗡嗡叫的苍蝇，而诗的主人公正在咽下最后一口气。狄金森的诗中，希望可不是一只唱歌的小鸟——如狄金森的同代人、大西洋另一边的克里斯蒂娜·罗塞蒂（Christina Rossetti）所写的那样：相反，简言之，希望是“长羽毛的东西”（thing with feathers）。一次次地，在她的诗中，狄金森所做的正是许多真正伟大诗人所做的，把语言拧成一个新的形状，把下雪描述为“雪花石膏羊毛”（alabaster wool），让万物蒙上了“水晶面纱”（crystal veil），她把熟悉的事物变为幽灵。事实上，我刚刚引用的诗甚至没有提到它描述的是雪。它不必提。

她身边最亲近的人知道她写诗，但直到她死后，人们才意识到她写了那么多。大约有 800 首收集在小小的手稿书中。狄金森自己珍重地将其收集好，没有告诉任何人。如学者茱迪丝·法尔（Judith Farr）所指出的，艾米莉·狄金森在活着的时候作为一个园丁远比作为诗人出名。

展望未来

花园城市运动（garden city movement）也许不是美国历史上最著名的社会政治运动之一，但是它为美国和英国的一些现代城镇奠定了基础。本质上，它是一个 20 世纪初期的倡议，旨在让城市更加美丽，更加清洁，更重要的是更加翠绿。它引发了一种新的城市规划。其领军人物是英国人埃比尼泽·霍华德（Ebenezer Howard）。

一个鲜为人知的事实是，霍华德对花园城市的想法主要来自 19 世纪末的美国畅销小说之一。爱德华·贝拉米（Edward Bellamy）1888 年的小说《回顾：公元 2000—1887 年》讲述了一个年轻的美国人朱利安・韦斯特（Julian West）的故事，韦斯特像之前在美国文学史中出现的瑞普・凡・温克尔一样，一觉醒来发现自己来到了2000年的未来。贝拉米想象的未来，从某种意义上来说，与千禧年的现状惊人地相近。这是一个充满信用卡、广播站和电子广播的世界，还有其他现代的发明。而在其他方面，贝拉米与其说预测了未来，不如说帮着塑造了未来，因为他的小说激发了花园城市运动。

在其他方面，他的书有点偏离了事实，他预测未来世界的人们每天只需要工作几小时（要是这样就好了），40多岁就退休（好像真的似的），而贫穷已经根绝。贝拉米不喜欢“社会主义”（socialism）这个词，他更喜欢谈论国家主义（nationalism），但毫无疑问，他的未来世界是个乌托邦。其实，贝拉米的书属于托马斯・莫尔爵士在16世纪命名的乌托邦传统。据作者本人说，它是作为“理想人类的云端宫殿”而被设想出来的。贝拉米看到了内战后的美国的“可怕世界”，那充满腐败的政府官员和悬殊的贫富差距，他开始想象一个美妙的世外桃源，那里适合他的孩子和孩子的孩子生活。他的书不仅仅是一部小说：它是未来新社会的蓝图，一方面是社会主义者的某种宣言，一方面又是科幻小说。美国读者对此书兴趣无限。小说发表两年之内，全美国成立了162个“贝拉米俱乐部”（Bellamy Clubs）。据估计，整个19世纪出版的美国小说中，它的销量仅排在《宾虚》（*Ben-Hur*）和《汤姆叔叔的小屋》之后。

这一成功很大程度上是因为许多美国人像贝拉米一样，对他们所居住的美国持有悲观的看法：美国被一系列经济萧条困扰，被工业主义掠夺，被政治丑闻折磨。他们也渴望一个更好的世界——尤其是更好的美国——而《回顾》帮助他们向前看，看到一个更光明的未来就在转角处——如他的小说所认为的那样。不幸的是，小说所试图实现的那个世界从未能变成现实，但他确实帮助其他人幻想并试图创造一个更好的都市空间，让住宅和工厂与公园和树木并排，让城市成为更健康、更怡人的生活工作之处。而且他关于信用卡的部分说对了。

走出狂野的西部

大多数人都知道查尔顿·赫斯顿（Charlton Heston）主演的电影《宾虚》，但其原著小说——本身就是当时的畅销书——在大众心中并不太突出。至少有一种估计是，廖·华莱士（Lew Wallace）1880 年的这部小说销量甚至超过了 19 世纪另一部美国畅销小说《汤姆叔叔的小屋》。在前七个月中，它缓慢地销售了 3 000 份，但是之后它将大卖特卖。

小说的主角犹大·宾虚——华莱士发明的一个角色，未见于历史记载——是一个犹太贵族和王子，被罗马人抓为奴隶（在罗马游行队伍经过他家时，他的一块屋顶意外地掉落了。他被指控为谋杀并被构陷入狱）。最终，他成为罗马竞赛中的战车手。这部小说明显让宾虚的故事与耶稣的故事类似（它的副标题是《一个基督徒的故事》）：他们都是罗马统治下的犹太人，生活在世界的同一个地区，且生活在同一个时代。这段基督教背景无疑帮助《宾虚》成了那个时代的畅销书。教皇利奥十三（Pope，Leo XIII）甚至为它施行了宣福礼——它可是第一本享受如此尊荣的小说。

事实上，《宾虚》常被视为整个 19 世纪最伟大的基督教小说。这有些奇怪，因为作者本人曾自我坦白他对基督教非常无知，他不是基督徒而且从未属于某个教派。华莱士后来把这本书的灵感来源归功于他 1876 年在火车上与罗伯特·英格索尔上校（Colonel Robert Ingersoll）的一次谈话。谈话中，两人谈到了基督教，而华莱士认为自己对这个宗教了解太少。他决心多了解一些基督教，于是想要写写基督教史和耶稣基督的生活。但他增加自己宗教知识的努力让他产生了写故事的想法。这个故事就是《宾虚》，讲的是战车比赛、友谊、背叛、复仇、基督教以及请一个好砖瓦匠做房顶的重要性。

1959 年这部米高梅电影的剧本出自多人之手，其中包括戈尔·维达尔（Gore Vidal）和克里斯托弗·弗里［（Christopher Fry），他最出名的作品是历史诗体戏剧《女士不适于火刑》（*The Lady's Not for Burning*）］。

在 1959 年由查尔顿·赫斯顿主演的这部史诗大片上映之前，《宾虚》已经在大银幕上映了两次。前两次电影改编都是默片，分别制作于 1907 年和 1925 年。有传言说，有一些参加了战车比赛的临时演员在 1959 年版的电影制作中去世了，但这不是真的，虽然的确有一名不幸的特技演员在 1925 年版电影的战车比赛录制中丧命。1959 年版的电影在当年的奥斯卡评选中横扫评委会，史无前例地赢得了 11 项大奖。这一纪录直到 1997 年才被追平，那次是《泰坦尼克号》摘得了 11 个奖项。

《宾虚》是华莱士最成功的小说，他其他的书都无法与之相提并论。华莱士自己认为他最成功的小说是《印度王子》（*The Prince of India*），或者叫《君士坦丁堡为何陷落》（*Why Constantinople Fell*），但全世界的其他人似乎都持不同看法。但《宾虚》并不是华莱士唯一一部具有持久影响力的作品，因为华莱士也与比利小子（Billy the Kid）通信。美国荒蛮西部的爱好者们仔细地读过华莱士写给这个恶名昭彰的罪犯的信。1878 年，华莱士被任命为新墨西哥州的州长。1879 年，发表《宾虚》的前一年，华莱士和比利小子达成了协议：如果亨利·麦卡蒂（Henry McCarty）（比利小子的真名）同意出庭指控其他几个罪犯，他就可以免于被起诉。考虑了一下这个提议之后，比利小子同意了。不过地区检察官不顾州长的命令，还是逮捕了麦卡蒂。后来比利小子逃出了监狱，过了两年逃亡生活，然后被派特·加勒特（Pat Garrett）警长击毙。

第八章　在欧陆

虽然之前几章探索的所有东西——启蒙运动、革命、浪漫主义、国家身份的形成——都发生在英国和美国，但欧洲大陆也没闲着。欧洲有什么不同？在某些方面，差异很小：法国和德国等国家产生了自己的启蒙运动人物，以及自己的浪漫派诗人和不少“国民”人物——德国有歌德，俄国有托尔斯泰，法国有维克多·雨果（还有许多其他人）。

但在其他方面，欧洲文学有其独特之处。首先，如下面几个条目所显示的，存在多年的童话这种文学类型终于在欧洲大陆成熟了，毫不费力且非常受欢迎地从口语传统转化为书面文字。其次，欧洲的许多小说家，尤其是俄国的小说家如托尔斯泰（Tolstoy）和陀思妥耶夫斯基（Dostoevsky），似乎比他们的欧美同行更早一步揭开了人类心智的盖子，仔细观看其中充斥的那些令人讨厌的或肮脏的部分。在19世纪末，这种心理探究的精神将不仅出现在小说的书页中，也会进入有影响力的学术研究，比如心理分析之父西格蒙德·弗洛伊德（Sigmund Freud）的早期著作（我要补充一句，弗洛伊德自己对神话和民俗，尤其是对它们所揭示出的人类的原始恐惧和内驱力颇感兴趣）。

所以，本章讲的是欧洲大陆，但也会涉及人类灵魂最深暗的角落。它将介绍的书为数不少。

夫人的童话故事

1697年，法国出版了两本新的童话故事。一本由夏尔·佩罗（Charles Perrault）写作，之后会被翻译为英文版，取名为《鹅妈妈的故事》（*Tales of Mother Goose*）。这本书第一次向英国读者介绍了许多经典的人物：灰姑娘（Cinderella）、睡美人（Sleeping Beauty）、穿靴子的猫（Puss in Boots）、蓝胡子（Bluebeard）和小红帽（Little Red Riding Hood）。它们都因为佩罗的介绍而在英国家喻户晓。当年出版的另一卷童话故事的作者是相对不出名的巴恩斯维尔朱梅尔的玛丽-凯瑟琳，即多尔诺瓦公爵夫人（Marie-Catherine Le Jumel de Barneville, Baroness d'Aulnoy，1650或1651—1705）。她更知名的名字是多尔诺瓦夫人（Madame d'Aulnoy），虽然如今几乎没有人知道这个名字了。

1690年多尔诺瓦夫人发表了法国第一个童话，这是在佩罗发表他的第一个童话之前三年。然后，1697年，她出版了童话故事集，名为《童话》（*Les contes des fées*）。童话（fairy tales）这个词就是从这里起源的。

多尔诺瓦夫人童话中的女主人公常常不同寻常，有勇有谋，在这些方面，它们明显是其作者的影子。她作为一个小姑娘，被迫和一个比她大30岁的男人结婚——他恰好又是个放荡的赌徒——她之后和丈夫分居并和多个情人生了好几个孩子。这样的行为让她被她所活动的贵族圈子驱逐出来。她写童话故事是为了重新回到那个拒绝了她的社会圈子。虽然她家的人口越来越多，她写作时头脑中想的却不是自己或是别人家的孩子，她的故事是为巴黎文学沙龙中的那些成年人而写。这显然奏效了：她在法国成了“仙后”（la reine de la féerie）。国外的读者对她也喜爱无穷。据估计，18世纪中她的童话故事有多达22个版本，而实际数字可能还要更高。

多尔诺瓦夫人在童话历史上的重要性一方面与她的性别有关：相比于男性童话作家，她更关注女性在世界中的体验，无论是用餐女侍、公主还是女王。她的许多故事是“美女与野兽”主题的变奏，虽然多尔诺瓦夫人写作时《美女与野兽》（*Beauty and the Beast*）还没有写出来。事实上，几乎肯定，她的故事影响了写出《美女与野兽》的女作家维尔纳夫的加布里埃尔·苏珊娜·巴博特（Gabrielle-Suzanne Barbot de Villeneuve）。

同样有趣的是她在儿童文学中金发姑娘（Goldilocks）这个角色产生过程中的作用。金发姑娘第一次出现在英文出版物的时间是16世纪中叶，只是用来描述金发的人。那个有三只小熊的著名故事最初是由罗伯特·骚塞（Robert Southey）写下的。他是湖畔诗人之一，也是英国享誉最久的桂冠诗人（Poets Laureate）之一。这个故事发表于1837年。骚塞的版本并没有称其女主角为金发姑娘，而且三只熊都是单身汉，而不是后来版本中的一家人。相反，多尔诺瓦夫人的《美丽的金发姑娘》（“The Story of Pretty Goldilocks”）有明显的金发姑娘元素，却毫无熊的踪迹。两个故事似乎在20世纪初融合在一起，就有了我们今天所知的故事。

为什么在童话史上多尔诺瓦夫人没有佩罗或是之后的汉斯·克里斯汀·安徒生（Hans Christian Andersen）和格林兄弟（Brothers Grimm）那么有名呢？为什么《小老鼠》（“The Little Good Mouse”）、《小鬼王子》（“The Imp Prince”）和《黄矮人》（“The Yellow Dwarf”）的名字不会像《睡美人》《穿靴子的猫》一样家喻户晓呢？一个原因是，她的故事不是对社会的所有阶层都有吸引力。多尔诺瓦夫人没有用童话作家很喜欢的“从乞儿到王子”的故事模式，她写的是出身名门的人物，短暂地进入了平民那肮脏的世界，而故事的结尾是，他们的合法地位被恢复了。甚至，多尔诺瓦夫人写的灰姑娘故事《菲奈特·辛德》（*Finette Cendron*）也是如此。当100年后法国大革命打乱法国的整个社会结构时，读者们将会铭记的是佩罗的孤儿灰姑娘辛德（Cinderella）和她的水晶鞋，而不是多尔诺瓦夫人的菲奈特·辛德和她的红色天鹅绒鞋子。

她没能进入21世纪的另一个原因可以用几个字概括：华特·迪士尼（Walt Disney）。当迪士尼想把一部经典童话搬上大银幕时，他用了佩罗、安徒生和格林兄弟的作品，而不是多尔诺瓦夫人的。

虽然多尔诺瓦夫人后来被忽视了，但她在英国的流行一直延续到19世纪，而且在维多利亚时代，她享受到了与其他伟大童话作者同样的待遇：她的作品被改编为流行的童话剧。

小汉斯

如悲伤的小丑一样，不快乐的童话作家这个概念已经成了陈词滥调。在我们生命的关键时期，当世界似乎充满魔法和可能性的时候，那些童话作家给我们带来无数快乐——他们自己却容易被沮丧、孤独和忧郁困扰。刘易斯·卡罗尔、爱德华·李尔（Edward Lear）和比阿特丽克斯·波特（Beatrix Potter）是三个例子。但或许在所有伟大的童书作者中，没有人比汉斯·克里斯汀·安徒生——丹麦最好的文学成果——更清晰地演示了这种反差。

> 在住旅馆的时候，汉斯·克里斯汀·安徒生总是带一卷绳子，以备在火灾时逃生。

一部分问题在于，从很小的时候开始，安徒生就是一个不容易相处的人：令人难以置信地自负，关注自己到了以自我为中心的程度，并决心对他人封闭自己以追求他的文学使命。他欣赏并且遇到了不少当时文学界的领军人物（他们几乎全是男人），包括维克多·雨果和查尔斯·狄更斯。安徒生和狄更斯的相处是灾难性的。1857年，安徒生去和狄更斯一家人住在一起，但他住得有点儿太久了——多住了大约三个星期——已经开始讨人嫌了。狄更斯的女儿发现这位童话作家很讨人嫌，最终所有人的耐心都被耗尽了。当安徒生终于走了，狄更斯把他长期压抑的沮丧情绪发泄到了客厅的镜子上，他在上面写道："汉斯·安徒生在这个房间里睡了五个星期——对我们家来说，这像是几个世纪!"这就是两位作家友谊的终结。

安徒生所写的故事——第一本《童话》（*Fairy Tales*）发表于1835年——很容易被当作是对他自己生活的反映。许多故事讲的都是一个孤独的局外人：《丑小鸭》（*The Ugly Duckling*）或许是最出名的一个，而《小美人鱼》（*The Little Mermaid*）也是个例子，《皇帝的新装》（*The Emperor's New Clothes*）结尾用诚实的话揭穿民众的谎言和谄媚的小孩子也是如此。或许在所有童话作家中，安徒生写孤独的人、被社会驱逐的人、不合群的人是最好的。

安徒生也对许多女人有过没有结果的迷恋，其中包括著名的瑞典歌剧女高音珍妮·琳德（Jenny Lind），而且他如其他人一样感到有性欲。他在日记中记录了每一次手淫，而他显然手淫了不少次。如今人们相信他是双性恋，虽然他终身未婚且是禁欲的——除了日记中的这些记载之外。当他去世时，人们在他的柜子中发现了一封写给一位叫作瑞博·福格特（Riborg Voigt）的女人的信。安徒生在年轻时曾对她怀有一份未被回应的感情。

哥本哈根有一尊小美人鱼的雕塑。小美人鱼是安徒生最喜爱的人物之一。雕塑于1909年由卡尔·雅各布森（Carl Jacobsen）委任制作，嘉士伯啤酒（Carlsberg beer）就是以他的名字命名的。巧的是，安徒生也是丹麦啤酒的爱好者；另一个酒厂奥尔巴尼（Albani）甚至以安徒生的名字命名了一款麦芽啤酒。

真实的自白

瑞士的启蒙运动人物让-雅克·卢梭（Jean-Jacques Rousseau，1712—1778）因若干项成就而被铭记。他1762年的作品《社会契约论》（*The Social Contract*）被视为政治哲学的重要著作，而且帮助点燃了法国大革命的熊熊烈火。但他1781年的《忏悔录》（*Confessions*）是他最重要的遗产。事实上，自这本书之后，任何一个写自传的人都要在一定程度上感谢卢梭，因为在创建现代自传的概念中，他的贡献比任何人都大。卢梭的《忏悔录》实际上发明了这个体裁。

在《忏悔录》之前，没有多少公众人物准备把他们私人生活的细节——他们的悔恨、他们的欲望和他们最肮脏的秘密——泄露出来。但卢梭把所有一切，或者几乎是一切，在《忏悔录》中袒露无遗。这本书的名字让人想起圣奥古斯丁（St. Augustine）在1 300多年前写的《忏悔录》（*Confessions*），该书经常被视为第一本自传作品。但奥古斯丁关注的是灵性生活——1 000年后玛格丽·肯普在公元5世纪口述她的宗教生活时依然如此，而卢梭的回忆录深深地根植于短暂的物质世界。他的回忆录是第一本产生很大影响的世俗自传。

> 卢梭也为德尼·狄德罗（Denis Diderot）的《百科全书》（*Encyclopédie*）写了一些音乐方面的条目。

在《忏悔录》中，卢梭的记录包括手淫（他称之为“危险的补充”）和把五个孩子都送去孤儿院的后悔之情。在某些方面，他是个伪君子。他呼吁禁止歌剧和戏剧，然而他自己却既喜欢写歌剧，也喜欢写戏剧。在晚年，他变得越来越偏执，认为他的朋友们在诽谤他。卢梭或许是世界上最好的回忆录作家，但作为一个人，他的缺点比别人要多。事实上，正是他的社会和道德缺陷帮助他成了伟大的回忆录作者。他不怕仔细观察自己的欲望和癖好，也不怕说出他最深的悔恨。

结果，我们读者会觉得他在对我们吐露心事。无怪乎卢梭有时被视为一个早期浪漫主义人物。他的写作展示出对自我的兴趣，对个人经历的重要性的认可，这些是之后华兹华斯、济慈以及其他许多人物所热情赞颂的。卢梭的关注自我和以自我为中心让他写出了先锋性的自我审视的作品。自此之后，自传就成了自传作者们的一长串忏悔。

阅读的危险

在把手淫变成一种疾病这件事上，恐怕没有人比塞缪尔·蒂索（Samuel Tissot）出力更多。他 1760 年的论文《论自慰》（*L'Onanisme*）利用了他观察手淫者的第一手（first-hand）[①]（姑且这么说）知识，并认为精液从身体流失导致了痛风、头痛、视力模糊、风湿和许多其他疾病。蒂索的书被许多人取来阅读。他 1761 年的书《对健康的总体研究》（*Avis au peuple sur sa santé*）被认为是该世纪医学的畅销书，而维多利亚人继承了蒂索的观点，认为“自渎”或“自污”会危害年轻人的健康和生殖力。

---

① “手淫”与“第一手”中的“手”字一语双关。——译者注

人们很容易取笑蒂索——事实上，人们差不多必须要这样做——但在其他方面，他为医学做出了有价值的贡献。他对偏头痛的研究如今被视为在这个课题上第一篇伟大的科学论文。他是癫痫病方面的重要写作者，而当时人们对癫痫还充满了误解。

而且蒂索还在1766年写了一本有趣的小书，专门研究学生和有学问的人容易罹患的疾病。这本书叫《论有文化和久坐之人常患之病，附有预防致命结果的适宜规则和治愈疾病的指导》(*An Essay on Diseases Incidental to Literary and Sedentary Persons, With proper rule for preventing their fatal consequences and instructions for their cure*)。它的核心论点是学习虽然对头脑有益，却可能对身体有害。蒂索关注的重点是有钱有闲所以能花很多时间学习的人，这些人有得多种疾病的风险。亚历山大·蒲柏说对了一半：太多的学习无疑是危险的。蒂索引用了一个“公共倡导”案例，其中“一项文学荣誉的候选人日夜辛苦学习，希望背下他的演说词，结果突然晕厥跌倒”。他还讲到一个数学家“为了解决一道难题，发病的频率提高了”。一个法国人太过刻苦地学习了四个月后，他的毛发掉光了：“他的胡子首先掉了，然后是睫毛，然后是眉毛，然后是头发，最终连体毛也掉了。”

蒂索整本书都在论证，学习可能是一种危险的消遣。他自己关于读书危险的书或许也是一种健康危害。但在一点上他是对的：我们或许以为在书桌旁久坐是一种现代现象，是我们中产阶级白领工作的结果，但蒂索在250年前就在研究它了。

愁云惨淡

维克多·雨果（Victor Hugo）在写作或者说试图写作《悲惨世界》

(*Les Misérables*)的时候,发现自己被写作障碍(colygraphia,或 writer's block)困扰。所以他决定脱光衣服,把自己关在一间没有任何让他分心的东西,只有纸和笔的房间里,强迫自己坐下写作。据说他的仆人们被严令禁止把衣服还给他,直到他写出一些东西。他的《悲惨世界》写了好多年,在 19 世纪 40 年代开始写作,但直到 1862 年才写完。他一定几百次地脱光了衣服。

《悲惨世界》讲的是罪犯冉·阿让(Jean Valjean)的故事。他因为偷面包养活家人而被囚禁,后来他改过自新,成为社会名流,然而他过去犯的罪还会回来纠缠不休。这是一个关于罪与罚、罪与救赎、爱与家庭、贫困与富裕和许多其他东西的庞大故事。据说这个小说是美国南北战争期间士兵中最流行的小说。它于 1862 年出版,当年年底就在美国出现了英语翻译版,而雨果的史诗故事引起了联合主义者(Unionists)和邦联派(Confederates)两方的共鸣。

如赫尔曼·梅尔维尔十年前出版的《白鲸》一样(虽然我们已经知道,那不是一部让美国军人或其他人争相阅读的书),雨果的巨著中包含了不少并不能推进情节的章节。这些章节解释了 19 世纪的巴黎,并且成了小说重要主题的指示牌。和狄更斯一样,雨果也是个讲故事的大师,但他并不怕在小说中离题万里(差不多是写了一整篇散文),以提醒读者他们反对贫穷、让世界变得更好的社会责任。雨果岔开话题,这样才能谈论从有组织的宗教到城市下水道建设等所有话题。小说用了不少的篇幅不厌其详地描述了滑铁卢战役的细节。这段读起来很不错,但和情节没有任何关系。仅仅在这 19 个章节的疯狂铺张的最后一个简短的章节中,雨果才终于回到了故事的主线。

虽然这本书很流行,但它在美国出版的时候评论却不佳。它如今被当作雨果的杰作,当年收到的评价却多数是负面的。《新英格兰人》

（*The New Englander*）这样说："冉·阿让的整个经历是一系列不可能的事件、一系列奇怪的不协调，而且总是和每个诚实的人所应遵守的真理和荣誉原则冲突。"即便是认为这部小说"卓越""绝妙"的《纽约时报》也把雨果叫作"单调的疯子"——真是矛盾的评论。

凡尔纳令人不可思议的预言

让·儒勒·凡尔纳（Jean Jules Verne），著名的法国作家的重孙，在童年时被一个古旧的保险柜迷住了。保险柜是家族一代代传下来的，上着锁，大多数家族成员相信它不过就是个空的旧箱子。既然如此，它为什么要上锁呢？年轻的凡尔纳知道这个保险柜曾经属于他那著名的曾祖父，而这个男孩梦想保险柜里可能有宝物。不幸的是，保险柜的锁真的非常安全，所以保险柜里装了什么东西在几十年里都是一个谜。

然后，1989 年的一天，他被好奇心控制了。凡尔纳叫来了锁匠，保险柜被打开了，它里面的内容终于大白于天下。里面有一个黄色的小笔记本，是他的曾祖父一个世纪前写的小说手稿——但它从未发表。这部小说写于 1863 年，但背景设定在当时看来很遥远的 1960 年。它描述的世界中，人们开着内燃机摩托车，坐着无人驾驶的火车上班。房子用电灯照明。人们用传真机、电话机和电脑，并且住在装有电梯和电视的摩天大楼里。他们用电椅处死罪犯。学校里不再教拉丁文和希腊文，而法语已经被来自英语的外来词"腐化"。人们在巨大的百货商店中购物，而街道装饰着电灯做的广告。金钱成了每个人的上帝。小说还描述了巴黎的一个很高的建筑——一个电气灯塔，周围几英里都可以看到。小说写于 1863 年，而埃菲尔铁塔直到 1889 年才建起来。

《二十世纪的巴黎》(*Paris in the Twentieth Century*)本来可以在1863年出版的，但它却默默无闻，直到作者去世80多年后才被发现。这部小说最终发表于1994年，英语翻译版于两年之后出版。

> 儒勒·凡尔纳(Jules Verne)是作品被翻译最多的法国作家。世界范围内，他的作品译本量排名第二，落后于第一名阿加莎·克里斯蒂(Agatha Christie)，领先于莎士比亚。

是什么让这部小说花了130年时光才得以重见天日？当1863年写完《二十世纪的巴黎》时，凡尔纳已经出版了一部成功的小说《气球上的五星期》(*Five Weeks in a Balloon*)，但他的出版商对于是否出版他的这一部作品犹豫不决，因为出版商认为这个故事太不可思议了，害怕读者们不会认真对待它。“今天没人会相信你的文字。”他这样告诉被拒绝的作者。讽刺的是，这部小说可能是凡尔纳所有书中预言最准确的一本。凡尔纳放弃了出版这本小说的计划，将它锁进了保险柜，转向了其他项目。他当时小说家生涯刚刚开始，前途无量：维克多·雨果早期影响了他，尤其是雨果的戏剧，但这位年轻的作家如今开始探索一种新的小说。《二十世纪的巴黎》充满了年轻作者刚开始职业生涯时那种创意。

凡尔纳小说的主人公是米歇尔·杜弗诺伊(Michel Dufrenoy)，他是一位年轻诗人，不经意间发现自己成了一座被金钱、科技和——最重要的——文书工作统治的冷漠城市中的无家可归者。官僚体制无所不在，这是对现代社会的可怕预言。这部小说有着惊人的先见之明。遗憾的是，故事本身很平淡，平淡到几乎不存在，因为凡尔纳创造的世界如今已经成为活生生的现实，又阴郁又悲观（或许这些品质相互之间并不排斥），像极了我们的世界。但反乌托邦小说——20 世纪这个类型的小说会更流行，而不是凡尔纳写作时的 19 世纪——常常重在构建世界的细节，轻于引人入胜的情节。

在早期的小说被拒绝之后，凡尔纳或许就认输了，但他没有，他坚持了十年，创作了他大多数著名而持久的小说：《地心游记》（*Journey to the Centre of the Earth*），《从地球到月球》（*From the Earth to the Moon*）和它的续集《环绕月球》（*Around the Moon*）、《海底两万里》（*Twenty Thousand Leagues under the Sea*），以及或许最著名的《八十天环游地球》（*Around the World in Eighty Days*）。所有这些书仍然在销售。但《二十世纪的巴黎》要等上一个世纪才能重见天日。等到能在书店买到这本小说的时候，它的故事所设定的 1960 年早已经过去了。

结束就好（All's Well That Ends）①

列夫·托尔斯泰是个伟大的小说家，但他也是个有天赋的插画家。他为他的孩子画儒勒·凡尔纳的《海底两万里》中的场景。但是当然，人们记住他并不是因为他的绘画。《安娜·卡列尼娜》（*Anna Karenina*）是 19 世纪最伟大的悲剧小说之一，而比它更有名的是《战争与和平》（*War and Peace*）。

《战争与和平》是伟大的少有人读的小说之一——许多人知道它，但少有人真的读完了。关于这本书，我们以为自己知道的东西中，到底有多少是准确的呢？它常被认为是最长的小说——至少是最长的著名小

① 这个题目与《战争与和平》最初的名字《皆大欢喜》（All's Well That Ends Well）相似，用来揶揄这本书的长度。——译者注

说，但好几本著名的小说，包括塞缪尔·理查森（Samuel Richardson）的书信体小说《克莱丽莎》（*Clarissa*），维克多·雨果的《悲惨世界》和维克拉姆·塞斯（Vikram Seth）的《一个合适的男孩》（*A Suitable Boy*）都比它要长。普鲁斯特（Proust）的《追忆似水年华》（*À la recherche du temps perdu*）被视为一部小说，但分成了庞大的七卷讲述。让事情更为复杂的是，《战争与和平》甚至不是一般意义上的小说：托尔斯泰更多把它当作编年史。当然，它是一部小说，不是事实，但托尔斯泰创造小说人物是基于非常真实的、经过一丝不苟研究的俄国历史。其实，他的小说中出现了许多真实的历史人物，主要的一个是拿破仑·波拿巴（Napoleon Bonaparte），当然还有许多其他人。

这部小说——抱歉，是编年史——设定在拿破仑入侵俄国的时期，即1805年至1812年之间，聚焦于五个家族的命运：别祖霍夫（Bezukhovs）、保尔康斯基（Bolkonskys）、罗斯托夫（Rostovs）、库拉金（Kuragins）、德鲁别茨科伊（Drubetskoys）。托尔斯泰写这部庞大的作品的目标之一是削弱19世纪流行的那种认为历史就是“伟人”——比如拿破仑——的一系列行动的观念。历史总是比这更复杂，有各种因素会影响它的进程，也影响普通人的日常生活。我们在多大程度上能控制自己的生活？那些发生在我们身上的事，又有多少是外部因素促成的结果？

> 托尔斯泰原来为《战争与和平》起的标题是《皆大欢喜》（*All's Well That Ends Well*）。

托尔斯泰对这本书的结尾不满意，即便在它已经出版之后。他后来因为皈依基督教而放弃了他早期的所有小说，也放弃了他的大笔财富。许多年间，他和妻子索菲亚（Sophia）关系疏远，并且最终离开了她。几天之后，他于 1910 年在一个火车站死于肺炎。但是距此 40 年前，在他写《战争与和平》的时候，索菲亚服苦役般地帮助他誊抄手写的草稿七次。这种英勇的行动恐怕不比书中所发生的事逊色。

在地板下

我们倾向于把存在主义想成是 20 世纪的理念——如果我们想到存在主义的话。萨特、加缪和所有那些穿着领子翻上来的大衣的法国人，在巴黎的门廊里抽烟并思考我们如何能着手在一个随机与冷漠的宇宙中为我们的生活创造个人意义。但是 19 世纪为后来的哲学思考奠定了基础。丹麦哲学家索伦·克尔凯郭尔（Søren Kierkegaard，1813—1855）是一位重要的先驱，而陀思妥耶夫斯基的第一本主要著作《地下室手记》（*Notes from the Underground*，1864）也很重要。

《地下室手记》在许多方面无疑是俄文原标题的不准确翻译，更准确的翻译应该是《地下手记》（*Notes from under the Ground*）甚至是《地板下手记》（*Notes from under the Floorboards*）。这部篇幅不长的小说聚焦于一个无名的俄国退休公务员，他一般被评论家称为“地下人”（Underground Man），他苦苦思索自己的生活到底哪里出了问题，厌倦地审视着生活中的大问题，他遇见了一个妓女，和她上了床，产生了感情，然后在盛怒之下和她分道扬镳。这样简略的概述很难表达出这本书的心理学强度，或是陀思妥耶夫斯基对地下人（某个程度上来说，也可指所有人）的深刻洞见。是什么让人伺机报复，猛烈抨击女人，和男人剑拔弩张，被愤怒和沮丧吞没？在陀思妥耶夫斯基之前，少有作家敢于如此一心一意地描写人类心灵深处的阴暗和肮脏，描写人类（通常是男人的）心智的可憎的方面。陀思妥耶夫斯基不仅要照亮这些地方，还要用大棒戳打他所发现的东西。罗伯特·路易斯·史蒂文森曾经描述，阅读《罪与罚》（*Crime and Punishment*）像是生一场病，并不是多么怡人的经历，但那经历会引起人强烈的本能反应。

事实上，陀思妥耶夫斯基以其人物刻画的心理深度而世界闻名。少有小说家，在进入人的内心方面可以与之比肩，19 世纪这样的小说家更少。如詹姆斯·伍德（James Wood）在《小说机杼》（*How Fiction Works*）中所说，陀思妥耶夫斯基差不多是独自一人创立了德国哲学家弗里德里希·尼采（Friedrich Nietzsche）称为无名怨愤（ressentiment）的心理类别。我们认为是某些事情引起了我们内在的沮丧，于是对这些事怀有敌意。这就是无名怨愤。从这个角度讲，它和自卑情绪（inferiority complex）相去不远。我们憎恨的东西常常和我们热爱的东西紧密相连。事实上，我们憎恨是因为在内心深处，它让我们嫉妒并产生渴望。（憎恶同性恋的传教士被发现其实是秘密的同性恋就是个好例子。所以，伍德认为，现代恐怖主义也是如此。它常常与其想要毁灭的事物具有密切交织的爱恨关系。）

其实，尼采甚至曾把陀思妥耶夫斯基称为“我唯一向其学到东西的心理学家”。我们都能向他学到很多东西。虽然《罪与罚》与《卡拉马佐夫兄弟》（*The Brothers Karamazov*）能让我们看到陀思妥耶夫斯基（以及我们自己）的心理学深度，但我们最好还是从这部短小的经典《地下室手记》开始。这些地板需要不时被翻开看看。

尼采如是说

1889 年 1 月 3 日，在都灵街头，弗里德里希·尼采突然崩溃，他疯了。这则（经常被重复的）故事是尼采目睹了一匹马被鞭打，他跑到这动物身边保护它。不久之后，他跌倒在地。尼采再也没能复原。疯狂似乎在其家族中流传：尼采的父亲是一名路德教士，不时会发作精神疾病。

即使在这次心理崩溃之前，尼采也远不是一个健康的人。他患有顽固的偏头痛、恶心和视力不佳，还有许多其他的病痛。失眠也是其中一件，为了让自己度过太多的不眠之夜，这个倒霉的哲学家开始对睡眠药物水合氯醛上瘾。他的身体状况导致他于 1879 年从巴塞尔的经典学教职上退休，这个职位是他刚满 24 岁的时候就得到的。

尼采是个聪颖的学生（他曾在波恩和莱比锡学习），并且在 20 多岁的时候就产出了他的第一本书《悲剧的诞生》（*The Birth of Tragedy*，1872）。这本文学和人类学批评著作把文明生活看作是两种冲动——酒神精神（Dionysian）和日神精神（Apollonian）之间的平衡。换句话说，是混沌/情感的力量和秩序/理性的力量之间的平衡，一方面是喝得酩酊大醉，另一方面是做报税工作。这两股力量在无意识的层面上在我们的内部工作，就像弗洛伊德稍后的无意识建构中的本我（id）和超我（superego）一样。当时的许多作家、哲学家和心理学家乐于探索人的两面性，比如罗伯特·路易斯·史蒂文森的《化身博士》。这种对人的两面性的关注一部分是受到达尔文进化论的影响，它清楚地说明，尽管我们大多数时候可能会以文明的方式行事，但在内心深处，我们还是动物，被动物冲动驱使。冲动的寻欢作乐者和负责任的被良知折磨的控制狂是两股相互竞争的力量，它们的战争在 19 世纪末的写作中处处可见。

提到尼采的名字，大多数人可能会说：“他不就是那个影响了希特勒的人吗？”阿道夫·希特勒（Adolf Hitler）确实有一尊尼采的半身像——但是这位德国领导人似乎并没有读过多少尼采的作品。事实是，1900年尼采去世后，尼采的姐姐伊丽莎白（Elizabeth）成为他的遗嘱执行人。而她扭曲了尼采的作品，为的是支持她自己的雏形纳粹（proto-Nazi）倾向。结果，人们以为是尼采的作品影响了纽伦堡的那群人①。平心而论，尼采也的确容易让人产生误解。他的作品有如此多的层次，富有讽刺意味，所以它容易让人产生某些解读。尼采的忠实粉丝认为那是误读。他们回应说，尼采本人不是法西斯主义者，也不是反犹主义者。这场讨论长久地把尼采的评论者分成了两个阵营。问题在于，尼采的许多讽刺在翻译和解释中丢失了，很不幸，他对反犹主义者的嘲讽听起来像是支持反犹主义的。在一封信中，他写到要把所有的反犹主义者枪毙掉，他大概没有把自己也归入其中。

在当时，这些并不重要，因为他在有生之年几乎是完全被忽视的。他最杰出的书之一《查拉图斯特拉如是说》（*Thus Spake Zarathustra*，1883—1885）一部分是哲学论文，一部分是文学实验（尼采也是个过得去的诗人，甚至还是个作曲家——他一度和理查德·瓦格纳交好，虽然他们后来在基督教的话题上吵翻了）。《查拉图斯特拉如是说》包含了尼采的许多核心理念："上帝已死"、永恒回归（大概意思是，历史会重复）和超人。这些理念在尼采先前的著作《快乐的科学》（*The Gay Science*）中被提及过，但是在《查拉图斯特拉如是说》中，他发展了它们。哈罗德·布鲁姆（Harold Bloom）称这本书"难以卒读"（unreadable），而它或许是尼采最有代表性的作品了。至于它究竟如何，还是你自己决定吧。

---

① 二战结束后，德国的战犯在纽伦堡接受审判。——译者注

《查拉图斯特拉如是说》是最初的“四部分的三部曲”(trilogy in four parts)。起初的计划中，它有三部分，但当尼采写完第三部分后，觉得还没有完成，于是他又写了第四部分。

言归正传(Joking Aside)

分析笑话，正如老话说的那样，就像解剖一只青蛙：没有人对它感兴趣，而且青蛙死了。但是就像总有少数奇怪的人坐在魔术师身边想知道他是如何做到的，也总会有人不惜一切代价地把手术刀伸向谚语中的两栖动物。理解事情的运转原理比徘徊在神秘的、不确定的状态更为重要——后者就是诗人济慈所说的“消极能力”(Negative Capability)①。

对于在解剖台上方的人来说，不幸的是，没有人真的知道笑话是如何起作用的。然而一些最聪明的头脑已经尝试过解释笑话的构成，并探索我们为什么讲笑话，为什么笑，为什么一些笑话比另一些更好笑。20 世纪早期，法国哲学家亨利·伯格森(Henri Bergson)开始思考“笑”这个主题。他的结论是，笑是一种必需的社会功能，而且我们最喜欢那些把人变成东西的笑话。其他思想家，比如西格蒙德·弗洛伊德——以 1899 年的《梦的解析》(*The Interpretation of Dreams*)而知名——从心理学的角度探讨笑和笑话的问题。他 1905 年的书《诙

① 也被翻译为“延疑力”“消释力”“消极感受力”“负性能力”等。——译者注

谐及其与无意识的关系》(*Jokes and Their Relation to the Unconscious*)是一次勇敢的尝试，试图用心理分析的方式分析笑话，理解我们渴望笑和讲笑话背后的无意识冲动。

约翰·凯里（John Carey）在近期一版弗洛伊德的书的导论中写道，弗洛伊德对笑话的研究甚至比他对梦的著名研究更具有原创性。事实上，弗洛伊德的笑话理论产生于他关于梦的著作。他认为梦以笑话作为外衣，遮盖了其真实的意图。

两者之间最清晰的联系之一就是普普通通的双关语。弗洛伊德认为它是梦的共同特点，也明显是许多笑话的基石。梦和笑话这两种“叙述”（narratives）常常涉及了一个关键时刻，将两种不同的含义浓缩进一个单词或形象。在弗洛伊德心理分析中，笑话是梦好笑的那一面。

弗洛伊德关于笑话的书中没有多少好笑的内容，但他确实记录了一些机智的对话。卢梭写了一首诗，叫作《后代颂》（*Ode to Posterity*），据说伏尔泰听说后说道：“这首诗无法送达。”[1] 但这更多属于妙语，而非笑话。有时弗洛伊德会把自己困住，自相矛盾，或是中途开始怀疑他的论证是否有效。然而《诙谐及其与无意识的关系》是对弗洛伊德更知名的关于梦的作品的有益补充，它试着回答这样一些问题：为什么我们讲笑话？为什么我们觉得笑话好笑？是什么让笑话有趣？在这里，弗洛伊德似乎准确地判断出笑话一般都有一个“笑柄”：正如1 500年前的《爱笑人》(*Philogelos*) 中，每个好笑话都需要一个阿夫季拉镇人（Abderite）或是西顿人（Sidonian)。

---

① 如前文所述，卢梭把自己的孩子都送去了孤儿院。——译者注

第九章 现代世界

现代难以定义。它是什么时候开始的？什么时候世界不再是老派的，成了现代的？人们观点各异。但是到 19 世纪末 20 世纪初，人们很清楚地看到，世界改变的方式是 100 年前的人无法想象的——而且改变的速度似乎还在加快。

以科技为例，1895 年至 1905 年的十年间，出现了第一次无线电广播、电影和莱特兄弟（Wright Brothers）的动力飞行，而且现代汽车也在这一繁忙的时期日趋完善。几十年内，每个城市都会有一个电影院，几乎每个家庭都会有一台收音机，而飞机和汽车会成为旅行的基本方式。作家们会如何回应现代世界这忙乱的本质呢？

现代世界——大约从 19 世纪末到我们今天的世界——是本书最后一章的主题。我们会见到小说开始进行试验，机器人的概念在一出晦涩的捷克戏剧中出现，以及无数试图将现代世界从 A 到 Z 归类的新尝试。

追忆普鲁斯特

这或许是最著名的一本关于上床睡觉的小说。它是一本名副其实的睡前书（book at bedtime），或者至少是一本关于就寝的书（book of bedtime）。它或许也是知名小说中最长的一本。它可能还会夺得所有小说中“最佳茶点时间”的桂冠。

这部小说就是《追忆似水年华》。它的英文译名仍然有些棘手：它曾被译为《回忆过去的事》（*Remembrance of Things Past*）（取自莎士比亚的十四行诗）和《追忆逝水年华》（*In Search of Lost Time*）。后者如今大概更受认可一些。这部小说是马塞尔·普鲁斯特（Marcel Proust，1871—1922）花多年时间写成的，发表于 1913 年至 1927 年间，分为七大卷，总共将近 150 万字。无怪乎巨蟒剧团觉得很难概括它。

不过，这个七部曲最著名的两个片段都出现在第一部《斯万家那边》（*Du côté de chez Swann*）（英文翻译为 *Swann's Way* 或 *The Way by Swann's*），这或许与英勇的读者能在普鲁斯特长篇累牍的叙述中前行多远有关。[①] 它的故事执着于记忆和时间，胜过其他一切，正如整部小说的英语题目所暗示的那样。这本书第一处有名的情节是马塞尔——小说的讲述者——吃玛德琳（一种小蛋糕）并喝茶的时刻，那时他发现自己的思绪突然回到了童年（虽说“突然”，但他其实花了无数的篇幅和许多的长句才回到过去）。普鲁斯特的小说第二个有名之处是关于上床睡觉的长篇描述：马塞尔回忆起小时候在贡布雷的家里，他的母亲会送他上床。对一部长篇小说来讲，这听起来似乎不是个有吸引力的开头，但如许多现代主义者一样，普鲁斯特的方法是慢下来，仔细考察我们记忆运转的细节和我们体验周围世界的具体方式。它少于行动，而偏好心理上的强度和复杂。

为了缓解慢性哮喘，普鲁斯特抽了大量的鸦片烟卷。

---

① 作者暗示，很多读者无法通读全书，所以书中最有名的片段都来自第一部分。——译者注

创作这部小说的环境差不多和小说中发生的这两个事件同样有名。普鲁斯特退回到他装有软木内衬的房间（这样就能把喧嚣且发展越来越快的外部世界的噪声挡在外面），他实际上成了个夜猫子，在床上一直躺到下午，然后差不多整夜工作。他吃得很少，只吃一两个牛角包作为早餐（如果你把晚上五点的进餐叫作“早餐”的话），虽然他偶尔也外出进餐。1922 年 5 月，在一个著名的时刻，他和一些现代主义同辈一起进餐，其中包括詹姆斯·乔伊斯、毕加索（Picasso）和斯特拉文斯基（Stravinsky）。乔伊斯和普鲁斯特整顿饭都在谈论他们的病痛，最后终于承认，他们没读过对方的作品。

文学朝圣

“意识流”（stream of consciousness）。你或许听说过这个词，但它起源于哪里呢？它是什么意思呢？答案或许令你惊讶，也会把我们领向一位大体被遗忘的现代派作家——一位受到弗吉尼亚·伍尔夫和其他人称赞的作家。

经常有人宣称“意识流”这个词是哲学家和心理学家威廉·詹姆斯（William James）——小说家亨利·詹姆斯（Henry James）的兄弟——在他的书《心理学原理》（*The Principles of Psychology*，1890）中创造的。无疑，是詹姆斯自己给了我们这个印象，因为他讨论意识时说：“‘一条河流’或‘流’是描述它的最自然的比喻。在此之后的讨论中，让我们把它称为思想、意识或主观生活之流。”但这并不是心理学家第一次使用这个短语，詹姆斯其实是在借用（说得客气的话）一个在若干年前被创造出来的表达。真正创造这个词的人是一位被遗忘的心理学家亚历山大·贝恩（Alexander Bain），他在 1855 年的著作《感觉与智力》(*The Senses and the Intellect*) 中用了“意识流”。这表明意识流虽然和20世纪初的现代派写作相关，却是一个在维多利亚中期被创造出来的词，而不是维多利亚晚期或典型现代主义的比喻。

“意识流”这个词最常与弗吉尼亚·伍尔夫和詹姆斯·乔伊斯这些关键的现代派小说家的作品联系起来。有趣的是，伍尔夫和乔伊斯同年生，同年死，他们也都写了设定于六月中旬的一天之内的小说：伍尔夫的《达洛维夫人》和乔伊斯的《尤利西斯》。在他们的作品中，角色的思想不是以逻辑和有序的方式呈现的，而是作为观念和印象的“流”或流动呈现的，一个接一个，未必有逻辑顺序。换言之，就是我们大多数人每天“思考”时那样。但“意识流”这个词第一次其实是被用在另一位现代派作家身上的，而他可没有伍尔夫或乔伊斯那么有名。

桃乐丝·理查德森 (Dorothy Richardson，1873—1957) 写了一长系列的小说，叫作《朝圣》(*Pilgrimage*)。它在1915年至1967年间陆续出版了13卷，或许它是借鉴了普鲁斯特的多卷本小说《追忆似水年华》。它是一部难读且让人沮丧的作品，充斥着细枝末节，比如毛巾架和地毯的花纹，几乎让人头晕（或是昏迷）。《朝圣》记录的是米里亚姆·亨德森 (Miriam Hendernson) 长大成人，最终成为成功的作家的过程。贬低理查德森的人或许会说，书的作者可从未能成为成功的作家。将这部小说和其他现代派作品区别开的是它对细节的不断关注：地毯上的图案、毛巾架的情形、隔壁公寓中的人发出的噪声。对一些人来说，这种程度的细节令人耳目一新，反映了真实的生活；对另外的人来说，它纯粹是枯燥，因为读者永远不确定，对故事来说什么才是重要的（要是故事这东西的确存在的话）。但这在一定程度上正是理查德森请我们质疑的东西：什么是重要的？什么是故事？小说能在多大程度上表现日常生活的无聊现实?

理查德森散文的显著特征之一就是它的风格新。正是这点让梅·辛克莱(May Sinclair)对一部文学作品使用了“意识流”这个词——这是历史上第一次[那是在一本叫作《自我主义者》(*The Egoist*)的杂志上的1918年的一篇对理查德森的作品的评论中]。伍尔夫自己在1923年评论说,理查德森“发明了,或者不是说发明了而是发展并应用了一种句子,我们或许可以称其为女性的心理句子”。但理查德森本人不太喜欢“意识流”这个词,她偏好把自己的风格视为一种沉浸(immersion),意味着她试图抓住思想和经验的即时的、多面的本质,而不是意图表达一种运动方向单一的“流”。

所以,虽然“意识流”容易让人想起现代小说年鉴中的詹姆斯·乔伊斯和弗吉尼亚·伍尔夫,但我们也不应该忘记桃乐丝·理查德森,即便她自己对用这个词描述自己的作品有所保留。下次你发现自己的思绪在飘荡时,别光想起伍尔夫,也想一想理查德森。

盖茨比之前

F. 斯科特·菲茨杰拉德可能会很惊讶,他的第三部小说现在是他最受欢迎的作品。《了不起的盖茨比》在他的一生中卖出不超过25 000份,现在则已经卖出了2 500万本。小说对20世纪20年代美国的回忆和它对美国梦的批判确保它在伟大的美国小说中占有一席之地,但它在当时的销量不如他的第一本小说:1920年出版的《人间天堂》(*This Side of Paradise*)。《人间天堂》是对第一次世界大战及其情感和心理影响的回应。具有讽刺意味的是,这个书名来自鲁珀特·布鲁克(Rupert Brooke)的一首诗。他是弗吉尼亚·伍尔夫的布鲁姆斯伯里圈子

(Bloomsbury Group) 成员[1]，他会因《士兵》(*The Soldier*) 等爱国战争诗而闻名，还会在战争初期死去。

《人间天堂》是为了那种最高尚的动机而快速写成的：为了取悦女人。菲茨杰拉德和他的女朋友塞尔达 (Zelda) 曾经短暂地做过情侣，但她与他分手了。他写小说是为了成为一名成功的作家，并且赢回她。这奏效了：小说在 3 月 26 日出版，而在 3 月底之前，第一批 3 000 本就已经卖完了，塞尔达也同意和他结婚。

菲茨杰拉德的全名是弗朗西斯·斯科特·基·菲茨杰拉德 (Francis Scott Key Fitzgerald)，他以家族的一位远亲、美国国歌《星条旗》(*The Star-Spangled Banner*) 的词作者弗朗西斯·斯科特·基 (Francis Scott Key) 的名字命名。菲茨杰拉德 1896 年出生于明尼苏达州，总共完成了四部小说：《人间天堂》(1920)、《漂亮冤家》(1922)、《了不起的盖茨比》(1925) 和《夜色温柔》(1934)。第五部长篇小说在他去世时尚未完成，多年来被称为《最后的大亨》(*The Last Tycoon*)，虽然更准确地说它的全名是《最后的大亨之爱》(*The Love of the Last Tycoon*) ——这是菲茨杰拉德喜欢的标题。

> F. 斯科特·菲茨杰拉德的父亲是玛丽·苏拉特 (Mary Surratt) 隔一代的表亲。玛丽·苏拉特在 1865 年被绞死，因为她是暗杀亚伯拉罕·林肯的同谋。

20 世纪 20 年代，当菲茨杰拉德与他的妻子塞尔达在巴黎生活时，

[1] 这个圈子里的人有时被人以轻蔑的口吻戏称为 “Bloomsberry”。这是布鲁姆斯伯里和莓 (Berry) 合成的新词。——译者注

他与许多其他作家成了朋友，其中最值得注意的是海明威。海明威认为塞尔达疯了（insane）；她将在30年代住院治疗精神分裂症。他还认为她对菲茨杰拉德产生了不好的影响：她鼓励丈夫在本该工作的时候喝酒。对于海明威的评价，塞尔达照样回敬。她说海明威的早期小说《太阳照常升起》（*The Sun Also Rises*）只有三件事：斗牛、吹牛、扯牛皮（bullfighting，bull-slinging，and bullshitting）。1936年，菲茨杰拉德的确试图戒酒，雇用了一名叫作桃乐丝·理查德森（Dorothy Richardson）的护士（并不是写了《朝圣》的那位非著名作家），并为她开列了他的必读书单（其中包括普鲁斯特的三本书、王尔德的戏剧、《战争与和平》等等）。

在《牛津英语词典》中，菲茨杰拉德被认为第一次用了“T恤”（T-shirt）、“代基里”（daiquiri）（一种含有朗姆酒和酸橙的鸡尾酒，以古巴的一个地区命名）、“臭味”（stinko）（俚语，非常低的标准），甚至还有“棒呆了”（wicked，优秀、卓越的意思）。除了“stinko”之外（它出自1924年的一封信），所有这些词都出现在菲茨杰拉德的第一部小说《人间天堂》中。

阿弗小传

弗吉尼亚·伍尔夫最早出版的作品之一是为宠物狗沙格（Shag）写的讣告。她会继续写动物，并且在一本被忽视的杰作中又回到“狗”这个主题，这本书是1933年出版的《阿弗小传》（*Flush：A Biography*）。《阿弗小传》，如伍尔夫早期的书《奥兰多》一样，副标题都是“一本传记”，但它实际上是一本小说，虽然它是基于真实的故事的。

在还是一个小女孩的时候，弗吉尼亚·伍尔夫养了一些宠物，包括一只狨猴、一只松鼠和一只她叫作雅克比的老鼠。

伊丽莎白·芭蕾特（Elizabeth Barrett）和罗伯特·勃朗宁（Robert Browning）之间的恋爱和婚姻是维多利亚时代最伟大的爱情故事之一。这两位诗人——她是维多利亚时代成名的文学人物，他当时还是个几乎无名的作者——在彼此见面前就给对方寄出了一系列浪漫的信件；在他们终于见面之后，他们结婚了。他们的儿子“笔”（Pen）后来回忆，那之后，他们之间再也没有写过信，因为他们从未分开过。1930 年，一出关于这场恋爱的戏剧《温坡街的芭蕾特一家》（*The Barretts of Wimpole Street*）上演了。勃朗宁夫妇的恋爱故事可能因为这出戏剧而出现在伍尔夫的脑海中。无论她的想法是从哪里来的，伍尔夫都决定写一部关于这个著名的文学爱情故事的短篇作品，但她的着眼点很独特：《阿弗小传》是从伊丽莎白·芭蕾特的宠物狗的视角讲述的。

《阿弗小传》是伍尔夫最有趣的书之一：既古灵精怪，又温柔幽默。伍尔夫希望这本书是一个轻巧放松的作品，因为那时她刚完成 1931 年的小说《海浪》（*The Waves*），那本书中可没有多少欢笑。虽然《阿弗小传》整体上比伍尔夫的其他书更加浅白，但它也触及了其他一些书中的主题，虽然是从一个略微不同的角度讲述的。伍尔夫的侄子和作传者昆廷·贝尔（Quentin Bell）甚至认为《阿弗小传》没有那么简单，它不仅是一位爱狗者所写的，它是由一个想要成为狗的人写的。

虽然伍尔夫的研究者常常不重视这本书，但《阿弗小传》和伍尔夫更著名的小说——1928年的《奥兰多》（它和《阿弗小传》一样，副标题也是“一本传记”）有一些相似：它是对伍尔夫在维多利亚时代成长中所遇到的那类传记作品轻松却目标明确的反击。伍尔夫的朋友、布鲁姆斯伯里圈子的另一位成员里顿·斯特拉奇（Lytton Strachey）写了一本流行书《维多利亚时代著名人物》（*Eminent Victorians*，1918），取笑维多利亚人写传记的方式和维多利亚人自己。伍尔夫亲身体验了这一切：她的父亲莱斯利·斯蒂芬爵士（Sir Leslie Stephen）是《国家传记辞典》（*Dictionary of National Biography*）的发起人。一本传记，不是这个维多利亚时代伟大诗人的传记，而是这个诗人的宠物犬的传记，无疑是对书写伟大人物生活这一想法的讽刺。写写他们的宠物怎么样？

后果

布鲁姆斯伯里圈子的另一个人物，伍尔夫和她朋友的熟人，就是经济学家约翰·梅纳德·凯恩斯（John Maynard Keynes）。虽然他毫无疑问是20世纪经济学的关键人物之一——或许是唯一——他在剑桥学习的却是数学，而他仅有的正规的经济学训练是他在成为公务员之前所上的为期八周的研究生课程。尽管如此，他还是将在年仅25岁时得到他的母校国王学院的讲席。

无论从哪个角度讲，凯恩斯都是个改革论者。1925年，他在剑桥的一个暑期学校中做了一个主张避孕的演讲。当时这是一个大胆的话题：四年后，一名年轻的学生，即早熟的批评家和诗人威廉·燕卜荪被驱逐出剑桥，因为他被发现拥有安全套。凯恩斯不是因为他的大胆的避孕演讲而被人记住的，而是因为他的经济学著作，尤其是1936年的书《就业、利息和货币通论》(*The General Theory of Employment, Interest and Money*)。在经济学以外，很少有人可以说他们完全理解了这本书（经济学界内也不是每个人都理解）。

但凯恩斯首先引起世界的瞩目是在他1919年出版《和平的经济后果》一书之后。这本小书是出于他在同一年早些时候对巴黎和平谈判的观察。因为对《凡尔赛条约》的条款不满，凯恩斯厌恶地从和平谈判中退出了。欧洲正在挨饿，而且处于自我毁灭的边缘，但没有人想要面对这个事实。凯恩斯认为对德国的赔偿要求太过严苛。凯恩斯很有先见之明地警告说，战后过于严厉地惩罚德国，并试图限制它的经济力量，将会导致未来进一步的动荡和冲突。

《和平的经济后果》让凯恩斯的名字在接下来的20年里在体制内的圈子中被视为垃圾。随着纳粹主义占据德国而欧洲再一次来到战争边缘，没有人愿意承认，凯恩斯是对的。他常常是对的。但是正确不总能让你受人喜欢。

即便如此，他对现代经济学的重要性还是无可争议的。凯恩斯不仅是20世纪最重要的经济学家，他还留下了另外一个重要遗产。他一直是艺术界的重要支持者，在第二次世界大战期间，他帮助成立了大不列颠艺术委员会（Arts Council of Great Britain）。

冷漠的声音（Indifferent Voices）[①]

《和平的经济后果》的热心读者之一是伦敦劳埃德银行（Lloyds

① 《荒原》最初的名字是《他用不同的声音读警务版》（*He Do the Police in Different Voices*），而本章最后说，《荒原》并没有打动王太后，以致王太后把它的名字记错了。所以这里的indifferent（冷漠）一词，疑为作者的文字游戏。——译者注

Bank）的一位头戴高礼帽的员工。他发表过两卷诗集，印数都不多：1917年出版的第一卷印了500本，卖了五年也没有卖完。但是这位安静的银行职员也将在布鲁姆斯伯里圈子（包括了凯恩斯和伍尔夫）中知名，而且他要写一首诗，永远地改变诗歌的风景。

这位诗人的名字是T. S. 艾略特（T. S. Eliot），这首诗——《荒原》（*The Waste Land*）或许是20世纪最重要的一首诗。它以多种方式捕捉到了战后的情绪：失落、绝望和异化，生活已成为机械常规的长期重复。事实上，日常差事的无聊重复在艾略特的诗中显得很突出：女打字员用罐子装好食物，作为回家后的晚饭；成群的通勤者经过伦敦桥；丽儿（Lil）和丈夫阿尔伯特（Albert）、女打字员和她长疙瘩的年轻情人之间空虚的性爱。最后还有一个例子，这种重复被留声机准确地概括了出来：史上头一次，一个人可以一遍又一遍令人作呕地播放一首歌，而不是听“活的”（live）音乐或者压根儿什么也不听。艾略特似乎是在说，我们得到了一些东西，但也失去了一些东西。生命失去了目的，失去了那让人颤抖的兴奋，失去了那更深层的含义。

> 当他在海格特学校（Highgate School）做老师时，T. S. 艾略特的学生中有未来的桂冠诗人约翰·贝杰曼（John Betjeman）。

但是在这种无聊——艾略特自己称为“丧失”（aboulia）或“缺乏意志”——的下面，还有惊人的潜流。正如评论家埃莉诺·库克（Eleanor Cook）所指出的，凯恩斯的书似乎可为我们进入《荒原》的某些方面找到通道。当凯恩斯谈论“迦太基式和平”（Carthaginian peace）的时候，艾略特的诗把当代的伦敦比作古代的迦太基。如一首童谣中所唱的，它那标志性的大桥在“陷落”。这背后暗示的是，所有伟大的帝国都不可避免地要衰败，而伦敦如今在不负责任的资本家的掌控下（颇有见地!），即将成为名单上的下一个。这次它会经历金融上的毁灭（想想艾略特诗中所有那些商人吧，还有其他对利润和损失等金融事务的提及）。伦敦会被银行家们搞垮。

这首诗一开始是一团彼此没有关联的描写和抒情，标题看起来不是很有前途：《他用不同的声音读警务版》——这是来自狄更斯《我们共同的朋友》（*Our Mutual Friend*）的一句话。埃兹拉·庞德是艾略特的朋友，也和艾略特一样是居住在欧洲的美国侨民。多亏了他，《荒原》才成了我们今天所读到的样子。庞德批改了艾略特的早期草稿，将诗的长度减半，让它大体连贯。当这首诗完成的时候，庞德只用了两个词表达对朋友的嫉妒和钦佩：“祝贺，婊子!”（Complimenti，bitch!）艾略特回了三个词，写在诗集的标题页上：“献给埃兹拉·庞德”（For Ezra Pound）。对这个献词，他又加上了三个意大利语的词：“Il miglior fabbro”（“那个更好的匠人”）。无疑，庞德的技艺在塑造《荒原》时起了关键作用。

这首诗很快成为20世纪诗歌的标志，而且它影响了从小说家到音乐家的每一个人。哈罗德·阿克顿（Harold Acton）在他还是牛津大学的一个年轻本科生的时候，在基督教堂草坪（Christ Church Meadow）用扩音器背诵了这首诗。伊夫林·沃（Evelyn Waugh）后来在他的小说《故园风雨后》（*Brideshead Revisited*）中借用了这一幕。不过，也不是每个人都喜欢艾略特的诗。王太后（The Queen Mother）有一次出席了在温莎城堡举行的《荒原》的特别朗诵会——由艾略特本人朗诵。据说王太后没有被艾略特和他的作品打动，以致她后来把诗的标题错记成了《沙漠》（*The Desert*）。

绘制城市

这里有个问题：你能举出伦敦城（City of London）中一条路的名字吗？任何一条都行。那条很长时间以来和捉刀写手（hack writer）同名的街格拉布街（Grub Street）怎么样？或是英格兰银行的所在地针线街（Threadneedle Street）？《荒原》中提到的威廉国王街（King William Street）怎么样？又或者让《牛津英语词典》最早一次提及脏字的摸屄巷（Gropecunt Lane）呢？这些没有一条是路。技术上讲，伦敦城里没有一条路。

无可否认，这是一个技术问题，涉及了一点语义学问题，或者说好几点语义学问题。首先，伦敦城和那个更大的叫作伦敦的城市是不一样的：伦敦城指的是中心区，也叫作“平方英里”（Square Mile），而且这一部分是没有“路”（road）的。这是因为从历史上来说，“路”指的是两边种植着树的大道，而“街”（street）则不是。中世纪的时候，繁忙的“平方英里”里没有多少空间留给树木，所以组成伦敦城的各种小径和小巷被视为各种类型的通道，但没有一条是路。这样我们就懂了。

1935 年，一位叫作菲莉丝·皮尔索尔（Phyllis Pearsall）的年轻艺术家在去参加聚会的路上迷路了，据说她因此产生了一个想法：要绘制一幅详细的、最新的城市道路图——是整个城市的，而不仅是“城”（the City）里的。已有的地图帮助不大，于是她发现了市场上的一个机会。她花了一年时间在伦敦走了大约 3 000 英里，记录了 23 000 条街。这场努力的结果是，她做出了标志性的《伦敦 A—Z》。至少故事中是这样说的。有人说对于这个故事，我们最好将信将疑，他们认为皮尔索尔只是更新了已有的地图。其实，在《伦敦 A—Z》之前，就有了许多伦敦道路地图。《巴特罗缪的伦敦及郊区参考地图集》（*Bartholomew's Reference Atlas of London and Suburbs*）出版于 1908 年。而方便的是，皮尔索尔的父亲亚历山大·格罗斯（Alexander Gross）就是一位地图制作者，他曾经绘制过和后来的《伦敦 A—Z》惊人地相似的伦敦地图。

但《伦敦 A—Z》想要成为能装在口袋里便于阅读的地图，而且内容同样详尽。1936 年，它由皮尔索尔自费出版，但问题是一开始没有书店愿意碰它。最终，持之以恒的皮尔索尔说服 W. H. 史密斯书店进了一些货，然后对这本书的需求就开始快速增长。至今，据估计销量已经达到了 6 500 万册。它仍然在出版，虽然卫星导航系统越来越流行，但伦敦的许多出租车司机仍然用皮尔索尔的书帮助他们获取在伦敦开出租车所需的"知识"。

然而，《伦敦 A—Z》中也有错误，或者，可以算是一种特殊的错误：过去这些年，有一些不准确的信息被故意放入书中，以便找到那些抄袭这幅地图的人。第一个故意被放入的错误是巴特莱特住所（Bartlett Place），这是一个编出来的假名称，那条街的真名是百老汇走道（Broadway Walk）。

字典也有类似的情况。《新牛津美国词典》（*The New Oxford American Dictionary*）有一个"esquivalience"词条，它看起来是一个有模有样的词，表示"有意回避一个人的官方责任"。其实，这个词是一个编辑克里斯蒂娜·林德伯格（Christine Lindberg）编造的，为的是抓出剽窃者。

从"A"到"Zythum"（古埃及啤酒）

在塞缪尔·约翰逊出版他的词典一个多世纪之后，一项事业开始了，这项事业会让我们的好博士在编纂词典方面的功绩相形见绌。第一卷于 1857 年开始，要等到 27 年后才有《以历史原则编纂的新英语词典：主要基于语文会所收集的材料》（*A New English Dictionary on Historical Principles*：*Founded Mainly on the Materials Collected by The Philological Society*）。之后它会以《牛津英语词典》的名字而出名。它包括从“a”（作为不定冠词）到“zythum”（古埃及的一种麦芽啤酒）——一本真正的英语语言的 A—Z。（卡通中的拟声词“zzz”——表示打盹的人的鼾声——还没有通过《牛津英语词典》守门人的审查，虽然意思相同的“zizz”已经通过审查。）

从一开始，这项事业就吸引了一些著名的文学人士。《牛津英语词典》的第一位编辑是赫伯特·柯勒律治（Herbert Coleridge），诗人塞缪尔·泰勒·柯勒律治（Samuel Taylor Coleridge）的重孙。托尔金（J. R. R. Tolkien）在第一次世界大战之后的第一份工作是编写字母 W 之下的词条。更晚些，年轻的朱利安·巴恩斯（Julian Barnes）毕业后第一份工作是做《牛津英语词典》的研究员，查找字母 C—G 开头的单词的词源。

“Aardvark”（土豚）并不是词典中的第一个词——《牛津英语词典》列出了好几个排在它之前的词，包括“a”（之前提到的不定冠词）、“aa”（溪流的旧称）、“aal”（一种桑葚）、“aam”（一种液体度量单位）、“aandblom”（一种南非的花）和“aapa”（对姐姐的一种叫法，起源于亚洲）。“土豚”这个词甚至排不进前五名这个事实让我们对这本词典的规模有所了解，也让我们知道它比之前记录语言的尝试更加全面及其所达到的何种程度。如果全部连在一起，第一本《牛津英语词典》的打印稿能从伦敦一路排到曼彻斯特。

编纂《牛津英语词典》的工作也不是没有遭遇挫折：整个字母Q开头的部分一度全部丢失了，后来它完好无损地出现在拉夫堡（Loughborough）。

《牛津英语词典》背后真正的动力来自詹姆斯·默里（James Murray）。他领导了词典的编纂、编辑和出版。词典的最后一部分出版于1928年，大约是在第一部分出现之后40年。考虑到这个项目的体量，这还算不错。编纂一部权威的威尔士语词典的工作始于1921年，但直到2002年才终于完成；而官方的荷兰语词典第一卷出版于1864年，最终的第四卷直到1998年才出版。

四个字母的争议

直到20世纪60年代，英语词典中才能看到色彩更强烈一些的脏话：《企鹅英语辞典》（*Penguin English Dictionary*）在1965年收录了“肏”（fuck）。自从上次这个词被收入英语词典，170年已经过去了。《牛津英语词典》在1972年也跟进了，尽管有趣的是，这个词从某种意义上说一开始就存在：存在于20世纪20年代的第一版的“windfucker”中。“windfucker”和“windhover”一样，是红隼的别称。前者肯定会让杰拉德·曼利·霍普金斯（Gerard Manley Hopkins）的那首诗韵味有所不同。

20世纪60年代的这场显著变化一部分是对60年代一些事件的回应，特别是查泰莱（Chatterley）审判。在1959年的《淫秽出版物法案》（Obscene Publications Act）之后，人们可以在英国出版淫秽书籍了，只要证明相关书籍具有“补偿社会价值”（redeeming social merit）即可。（至于如何证明这一点，则是另一个问题。）1928 年，这本书最初曾由私人印刷过，但在 30 多年的时间里，它没有正式在英国或美国出售：虽然美国人有一本正经的名声，但美国其实在这本小说出现在英国的前一年，率先出版了这本小说。人们对于 D. H. 劳伦斯的《查泰莱夫人的情人》（*Lady Chatterley's Lover*）有一种普遍的观点，即这本书里面的性内容让它被禁。虽然劳伦斯所说的“性这玩意儿”（this sex business）和“性高潮满足”（orgasmic satisfaction）没起正面作用，但让企鹅（Penguin）因为出版它而在 1960 年被送上法庭的，其实更多是书中四个字母的词，而不是对做爱的色情描写。在企鹅推出《查泰莱夫人的情人》的前一年，一个英国出版商成功地出版了弗拉基米尔·纳博科夫（Vladimir Nabokov）的《洛丽塔》（*Lolita*）。该书的讲述者是个恋童者，但有所弥补的是，书中没有脏话。检方律师默文·格里菲斯-琼斯（Mervyn Griffith-Jones）数清了《查泰莱夫人的情人》中冒犯性的词语：“30 处‘肏’（fucks 或 fuckings）；14 处‘屄’（cunts）；13 处‘毬’（balls）；‘屎’（shits）和‘屁’（arse）各有 6 处；4 处‘鸡巴’（cocks）和 3 处‘尿’（piss）”。当然，为了逐条展示这些冒犯性的话，格里菲斯-琼斯需要在法庭上把它们朗读出来：查泰莱审判的法庭上，既有对着《圣经》的宣誓（swear），也有咒骂（swear）。

这本书记录了康斯坦斯·查泰莱（Constance Chatterley）和猎场看守奥利弗·梅勒斯（Oliver Mellors）之间的情事（书中查泰莱夫人第一次婚外恋其实是与一位名叫米凯利斯的作家发生的），但惹毛清教徒的既是小说中的性描写，也是它所使用的语言。今日看来，检方所做的辩论奇怪又可怜，而且过于古板了。是格里菲斯-琼斯问了陪审团那个令人难忘的问题：“这是一本你甚至希望你的妻子或你的仆人读的书吗?”但更令人惊讶的是人们排长队为这本小说辩护。伍尔维奇主教(The Bishop of Woolwich)约翰·罗宾森(John Robinson)描述康斯坦斯·查泰莱夫人和她的猎场看守梅勒斯之间的通奸为“一种神圣的交流行为”(an act of holy communion)。劳伦斯对此会作何感想，我们只能猜想了(劳伦斯于1930年去世)。

虽然有许多有影响力的支持者，但审判还是持续了将近半个月，最终企鹅出版社被判无罪。这部劳伦斯在30多年前最初以《约翰·托马斯和简夫人》(*John Thomas and Lady Jane*)(也就是阴茎和阴道)为题起草的小说如今可以一推车一推车地出售了。

然而奇怪的是，查泰莱审判并未标志着此类案件的终结。仍然有许多书在那里腐化着国家，并不具有“补偿社会价值”这个可取之处。1964年，伦敦书商拉尔夫·戈尔德(Ralph Gold)因为销售约翰·克莱兰德(John Cleland)的《芬妮·希尔》(*Fanny Hill*)而站在了被告席上。这本书大约是在215年前出版的，但直到20世纪60年代才又以未删节版的形式出现。他败诉了，而未删节版《芬妮·希尔》的出版社决定不提起上诉。虽然查泰莱审判算是某种分水岭，但出版商在推出性内容太多的书时仍然会三思。《芬妮·希尔》要等到20世纪60年代末才能再次仪态万方地登上书架。

一只巨大的……甲虫?

如果文学中有官僚制度的守护神，保护我们的人性免受行政和法律程序的侵害，那么一定是弗兰兹·卡夫卡(Franz Kafka，1883—1924)。他适合这个角色，因为他的工作是最讲究繁文缛节的办公室职位，他是一名保险办事员。他甚至还有专属的形容词——“卡夫卡式的”（Kafkaesque），传达的是我们在面对官僚程序和国家监控时常常体验到的那种迷惑和疏离之感。那么，他后来被奉为警察国家的预言者（后来被乔治·奥威尔的《一九八四》取代）和——更可怕的——大屠杀的预言者，就没什么好惊讶的了。

作为作家和一个人，卡夫卡永远是个局外人。年轻时，他和魔鬼订了一个“作家协约”（writer's pact），决心不让自己与任何人形成真正的亲密关系。这位作家的生活常常是孤独的。虽然他和几位女性有牵连，但他从未结婚。他显然对性爱有兴趣，但他总是从局外人的视角去看：他会参加裸体营，但拒绝脱下自己的裤子（这很快让他有了一个外号“穿泳裤的男人”）。

据说卡夫卡在平日做保险理赔员的工作时，发明了安全帽。

既然如此，那他把自己看成和他的短篇经典《变形记》（*The Metamorphosis*）的主人公一样，也就不足为奇了。《变形记》1915 年以德语出版，第一个英语译本出现在 1933 年。这本书讲的是一个旅行销售员格里高尔·萨姆沙（Gregor Samsa），有一天醒来发现自己变成了一只巨大的昆虫（insect）。这个超现实的转变让他被最亲近的人疏远：没有人喜欢家里有一只巨大的甲虫（beetle）制造混乱。

我之所以说“昆虫”（insect）和“甲虫”（beetle），是因为人们对于卡夫卡的中篇小说所唯一知道的就是格里高尔变成了昆虫。许多英语译本在这本书著名的开篇语中用了“昆虫”这个词，通过揭示格里高尔变形的事实，一下子抓住读者。但德语中的“Ungeziefer”这个词并不容易翻译。它大体上表示任何不洁的存在或生物，“臭虫”（bug）

或许是对原文更准确的翻译——虽然“臭虫”也不太到位，因为在英语中它仍然是指一种昆虫，或者至少是一种爬虫。因此，有些翻译者用了“害虫”（vermin）这个词，它或许更接近德文原意。卡夫卡小说中的讲述者其实从未说过格里高尔是个甲虫，但无数的插画师还是把他画成了甲虫（卡夫卡在讨论这本书的信件中的确用了“昆虫”这个词，但他要求无论如何不能把这个生物画出来）。重要的是——卡夫卡也会同意——我们不该知道格里高尔所变成的这个东西的具体样子。模糊是效果的一部分：格里高尔可以是任何或者所有没有价值的、被践踏的、最亲近的人避之唯恐不及的生物。正如有些人想要诬蔑某个群体——移民、外国人、社会经济的下层阶级，他们就会用“蟑螂”或“害虫”这样的词，格里高尔的变形具体地展示、演绎了这种情绪。他死后不久，卡夫卡所属的种族——犹太人——就会被纳粹形容为“害虫”。

和 D. H. 劳伦斯一样，卡夫卡是在盛年就被确诊患上肺结核的现代派作家之一——凯瑟琳·曼斯菲尔德（Katherine Mansfield）也是一个。在他即将去世的时候，卡夫卡请他的朋友马克思·布洛德（Max Brod）将他未出版的作品烧掉。幸运的是，布洛德拒绝这样做。如果他做了，我们就没有了《审判》（*The Trial*）和《城堡》（*The Castle*）（虽然它还没完成）。它们和《变形记》一起，构成了卡夫卡至高无上的文学成就。另一本没有被烧掉的书是《美国》（*Amerika*），这是卡夫卡写的一本小说。卡夫卡死后三年，这本书第一次出版。

第一个机器人

我有个问题问你：“机器人”（robot）这个词是什么时候第一次进

入英语的？对于“机器人”最常见的解释可见《牛津英语词典》：“一种智慧的人造生物，一般由金属组成，某种程度上类似于人或其他动物。”但这个单词是怎样有了这个含义的？这是个奇怪的故事。

或许会令你感到惊讶，“机器人”第一次出现在英语中，是在维多利亚时代：第一条引用来自1839年。但它指的不是后来几百万部科幻小说和电影中那种像人的机器，而是“中欧农奴系统，佃户以强迫劳役支付租金”（《牛津英语词典》）。这个词通过德语进入英语，虽然这个词追根溯源来自捷克语“robota”，意为“强迫劳动”或“奴隶制”。这不是一个特别令人愉悦的词源。不过奥地利帝国在1848年废除了奴隶制，这是个不小的成就。

作家艾萨克·阿西莫夫1941年创造了“机器人学”（robotics）这个词。

“机器人”这个词的现代含义起源于捷克作家卡雷尔·恰佩克（Karel Čapek）1920年的戏剧。这部戏剧名叫《万能机器人》（*R.U.R*，全称 *Rossum's Universal Robots*）。它讲的是一家工厂生产人造人，就是剧名中的“万能机器人”。机器人被设计出来，是为了给人提供服务，但最终机器人背叛了主人，消灭了人类——这里有《终结者》（*The Terminator*）的影子，或者说预言了《终结者》的故事。这里的“机器人”来自我们上面提到的那个早些的定义，也就是捷克语中的“奴工”或“苦工”。卡雷尔·恰佩克并不是自己造了这个词。如我们所见，这个词在他的戏剧之前就存在了。并不是恰佩克首先想到用“机器人”来形容他剧中那种人造的机器的。他最初叫他们“劳工人”（labori），取自拉丁语的“工作”一词。但他的兄弟约瑟夫·恰佩克（Josef Čapek）建议用“机器人”一词。约瑟夫本人是个有天赋的艺术家，之后会在他被囚禁的贝尔根-贝尔森（Bergen-Belsen）集中营写出一卷诗。1945 年 4 月，在战争结束前几周，他成了希特勒最终解决方案（Final Solution）杀害的六百万犹太人之一。

奇怪的是，《万能机器人》剧中的机器人并非真的机器人——若是我们较真的话。它们更接近人形机器人（android）或机械人（cyborg）。区别在于，人形机器人和机械人看上去像是真的人类，而机器人并非如此。因为恰佩克戏剧中的角色看起来非常像我们，所以文学中第一次用“机器人”命名，在某种意义上是弄错了。或者说，因为是恰佩克先用这个词的，所以我们一直以来用错了他的这个词。不过我们知道，这并不是他造的词。

1938 年，恰佩克的戏剧被 BBC 改编，成为第一部上映的科幻电视剧。

亲爱的吉蒂

很久以来，有一个故事，讲的是安妮·弗兰克（Anne Frank）的日记被做了糟糕的舞台改编。剧中的领衔女主角非常无能，开场白就念错了，而且整出戏越演越糟。观众们感到十分无聊和不满，以致当纳粹军官在房子中出现的时候，一位观众喊道：“她在阁楼里呢！”这个故事，如许多此类故事一样，是虚构的：在它的许多版本中，对谁是扮演弗兰克的女演员说法纷纭，甚至对这次舞台改编的时间也说法不一，所以这次著名的起哄事件有可能从来没有发生过。

卡夫卡的三个同胞兄弟姐妹死在了纳粹的集中营中。卡雷尔·恰佩克的兄弟也是如此。普里莫·莱维（Primo Levi）——《元素周期表》

（*The Periodic Table*）的作者——从大屠杀中幸存下来，并且把他被囚禁在奥斯维辛集中营时所看到的恐怖景象写了下来。而或许在所有人中最出名的是年轻的犹太女孩安妮·弗兰克。她于1945年死在了希特勒的一个集中营里。安妮的《安妮日记》（*Diary of a Young Girl*），可以比肩于将近300年前的塞缪尔·佩皮斯日记，它很可能是最出名的日记。

安妮13岁生日时收到了一本手写本，但她决定用它来写日记，她在1942年6月14日写下了第一条日记。她没有以“亲爱的日记”为每则日记开头，而是给日记取了个名字“吉蒂”（Kitty），好像她是在给笔友写信一样。所以，她的许多则日记都是以“亲爱的吉蒂”开头的。日记记载了安妮青春期的两年时光，这两年中她和家人躲在阿姆斯特丹，永远不知道他们的躲藏地什么时候会被发现，他们什么时候会被送去集中营。1944年8月，那一天终于来了。安妮大约在6个月后在贝尔根-贝尔森死于斑疹伤寒，此时距离战争结束已为时不远。

安妮短暂生命最后几年所处的环境能帮助我们理解这本日记对于几百万读者的特殊魅力。日记中充满了恐惧与不确定的感觉，但也有活下去的决心：幽默和团结一心缓和了随时准备迎接不速之客来敲门的那种焦虑和恐惧。安妮和家人躲藏的房间位于一处秘密的附属建筑，位于她爸爸的商业地产的顶楼。通往他们的藏身处的门被一个可以移动的书架挡住了。

安妮的父亲奥托（Otto）从最终解决方案的恐怖中存活下来，并且于1947年在阿姆斯特丹出版了女儿的日记。事实证明，要出版一本英译本更加困难。十家出版社拒绝了这本书，直到1952年它才最终出了英文版。一位编辑写道：“在我看来，这个女孩没有独特的洞识或是感受能让这本书超过‘奇闻逸事’的层次。”据估计，如今这本书出了60多种不同语言的版本，销量超过3 000万册。看起来，奇闻逸事比那位编辑所意识到的传播范围更广。

心爱的国家（Beloved Country）[①]

托妮·莫里森（Toni Morrison）的《宠儿》（*Beloved*）出版于1987年，它开头的题词只有四个单词，却引发了不少争议，这四个单词是 Sixty Million and More（六千万且更多）。争议在于“六千万”和“六百万”之间的关系——分别是据估算因为大西洋的奴隶贸易而死去的非洲奴隶的数量，以及在大屠杀中死去的犹太人的数量。莫里森把大屠杀的残暴和奴隶贸易联系起来，这引起了人们的注意。是不是近来的悲剧让人们忘记了奴隶制的恐怖?

《宠儿》有力而热情地描述了19世纪美国非洲奴隶的生活。这和130年前哈里特·比彻·斯托对这个题材的处理有所不同，虽然两部小说都被其诋毁者批评为过于感情用事。《宠儿》聚焦于一对母女，她们在美国内战爆发前几年逃脱了奴隶生活。小说在战前和战后的时间之间来回移动。主人公塞丝将近20年前工作过的种植园有一个奴隶伙伴来拜访她；这个来自过去的幽灵的来访激起了塞丝对早期奴隶生活的一系列回忆。

从很小的时候开始，莫里森的生活就围绕着书展开。她1931年出生在俄亥俄州，本名克洛艾·阿德利亚·沃福德（Chloe Ardelia Wofford）。她是学校一年级新生中唯一的黑人孩子，也是唯一可以阅读的孩子。这种早期的阅读能力让她顺利进入大学学习，然后得到了硕士研究生学位，研究威廉·福克纳（William Faulkner）和弗吉尼

① 标题中的 Beloved 也是《宠儿》（*Beloved*）的书名。——译者注

亚·伍尔夫的作品。之后她在大学教英语，又成为几家出版社的编辑。这一时期，她在让年轻的黑人作家得到出版机会方面发挥了关键作用——最终也为她自己赢得了出版机会。她的首部小说《最蓝的眼睛》（*The Bluest Eye*）出版于1970年。

> 当《宠儿》被提名国家图书奖（National Book Award）最终却落选时，48位非裔美国作家和评论家联名提出了抗议。

艾丽斯·沃克（Alice Walker）的《紫色》（*The Color Purple*）被史蒂文·斯皮尔伯格（Stephen Spielberg）在1985年拍成电影，名声大噪。和《紫色》一样，《宠儿》揭示了非裔美国人在美国遭受的痛苦和艰难。这些流行且广受好评的小说尤其给了非裔美国女性作家发声的机会。莫里森说，她写她的第一本小说是因为她自己想读。成百万的其他人也想读它。当《宠儿》获得普利策奖时，它才终于得到了应有的承认。

莫里森的众多名流仰慕者中，包括一些意想不到的人，比如马龙·白兰度（Marlon Brando），他是她作品的忠诚粉丝。据说他会给她打电话，完整地背诵她小说中他最喜欢的段落。

恐龙热

下面描述的是哪一部小说？它1984年出版，聚焦于以化石中的DNA片段重新创造恐龙的科学想法。许多恐龙被重构出来，包括可怕的霸王龙。小说中有一个主题公园，那里到处是恐龙。这部小说改编的电影1993年上映。有答案了吗？我描述的不是《侏罗纪公园》(*Jurassic Park*)，虽然以上所有描述差不多都同样可以用于迈克尔·克莱顿（Michael Crichton）的小说，除了小说的出版日期：克莱顿的书出版于1990年。

上面描述的这部1984年出版的小说是《肉食龙》（*Carnosaur*），作者是澳大利亚人哈利·亚当·奈特（Harry Adam Knight），这是约翰·布罗斯南（John Brosnan）的笔名。这本书销量不是特别好，而罗杰·科尔曼（Roger Corman）1993年的电影票房也很糟糕——惨败于史蒂文·斯皮尔伯格根据克莱顿小说改编的电影大片。布罗斯南本人形容电影《肉食龙》为“垃圾”，虽然他补充说它是“有趣的垃圾”。我也认为它有趣，不仅仅因为它为克莱顿那更著名的恐龙杀人故事提供了不错的补充。《肉食龙》以一个“恐龙动物园”为中心。它设在英国，而不是某个热带岛屿。但是故事的主要推动力——克隆出来的恐龙大搞破坏——与《侏罗纪公园》一样。

《肉食龙》和《侏罗纪公园》都应该感谢阿瑟·柯南·道尔爵士。而且，克莱顿和柯南·道尔之间的相似之处令人好奇：都接受过医学训练，都写了一本名为《失落的世界》（*The Lost World*）的小说，都写了背景设定在14世纪的小说。柯南·道尔写的是《白衣纵队》(*The White Company*）和它的前传《奈杰尔爵士》（*Sir Nigel*），克莱顿写的是《时间线》(*Timeline*)。《侏罗纪公园》——克莱顿商业上最成功的小说，基本上是在柯南·道尔1912年的经典《失落的世界》的基础之上写的，只是做了一些巧妙的更新。在柯南·道尔的小说中，查林杰教授（Professor Challenger）和一队惊恐的探险者来到了南美洲，寻找一片尚未被现代世界染指的雨林平原，结果仍然有史前生物栖居在那里，包括恐龙。2008年，《卫报》上关于克莱顿的讣告也把他和柯南·道尔联系起来，从某些方面看，克莱顿可以被视为道尔的后裔。

克莱顿是20世纪末生活在畅销书安乐王国中的一小群作家的典型。他们的成功主要应归功于他们作品的一系列成功的电影改编——斯蒂芬·金（Stephen King）是另一个例子。克莱顿在发表《侏罗纪公园》之后20年间已经是个成功的作家。他在1969年发表了他早期小说中最有影响力的一部《天外来菌》（*The Andromeda Strain*）。有趣的是，小说在两年后被改编为电影，克莱顿被邀请参观拍摄场地，而带他游览的就是史蒂文·斯皮尔伯格——那是他导演工作的第一天。22年后，斯皮尔伯格将会导演《侏罗纪公园》。

克莱顿也是《西部世界》（*Westworld*）的作者。这本书于1973年被改编为电影，由克莱顿本人执导。这是第一部运用电脑成像（CGI）技术的电影。

从印刷到冲浪

电脑成像技术虽然在1973年就已经使用，但当代电影中的那些技术魔法还要再等上几十年。万维网（World Wide Web）也还没有出现——虽然因特网（internet）（它并不完全等同于万维网）已经迈出了最初的探索步伐。

然而，一个人已经想象出了未来的万维网。他不是个科幻小说作家，而是加拿大一位研究“传播理论”的哲学家，名叫马歇尔·麦克卢汉（Marshall McLuhan）。在他1962年的开创性著作《古腾堡星汉璀璨》（*The Gutenberg Galaxy*）中，麦克卢汉提前将近30年预测了万维网的诞生。

《古腾堡星汉璀璨》的核心论点是技术的发展，比如活字和大规模印刷不仅仅改变了我们阅读、写作或者购买书籍的方式，也改变了我们思考的方式、我们体验世界的方式。麦克卢汉也思考了技术上的下一个大发展可能会是什么，他预测这个大发展的一部分内容会包括电视的发展，可能会制造出一种用作研究和通信工具的电脑，它让每个用户都能接触到前所未有的海量信息，一切都在点指间完成。

当约翰内斯·古腾堡在1468年去世时，他在发明现代印刷机方面的贡献已经几乎完全被忘记了。

上网“冲浪”的比喻也是麦克卢汉的发明。在同一本书中，麦克卢汉富有诗意地写到哲学家马丁·海德格尔（Martin Heidegger）在电子浪潮中冲浪，如同笛卡尔驾驭前一次伟大的技术革命中的机械浪潮——那是由古腾堡的印刷机引起的革命。

麦克卢汉有创造短语的天赋，而他最有名的或许是创造了“地球村”（global village）这个短语，以之来形容新的电子技术——其中最主要的就是当时尚未被发明出来的万维网——将会在社会和心理的意义上，把世界变得更小。事实上，麦克卢汉是个很好的口号发明者：蒂莫西·利里（Timothy Leary）也承认麦克卢汉最初提出了“开启、融入、出离”（turn on，tune in，drop out）的口号，然后利里将之普及开来，使其成为20世纪60年代反主流文化的箴言。

1967年，麦克卢汉写了一本书，名为《媒介即按摩》（*The Medium is the Massage*）。这个标题是对他的另一句流行短语“媒介即信息”（the medium is the message）的扭曲。

马歇尔·麦克卢汉认为读者判断一本书是好是坏时，应该翻到第69页。现代派作家福特·马多克斯·福特（Ford Madox Ford）也提过类似的建议，但他推荐的是翻到第 99 页，而不是第 69 页。所以，带着这个想法，让我们出发去往图书馆巡游的第 99 站。

新信息

1995 年 4 月 3 日，一名叫作约翰·温赖特的澳大利亚软件工程师做了一件此前从未有人做过的事：他上网订购了一本书。书的名字看上去不像有畅销的希望：《流动性概念和创造性类比》(*Fluid Concepts and Creative Analogies*)，作者侯世达（Douglas Hofstadter)。这样一来，他就成了亚马逊网（Amazon. com）上第一位买书的顾客。

侯世达最出名的书是他 1979 年的《哥德尔、艾舍尔、巴赫》，这本书探讨的是，在一些显然不同的主题和学科（例如数学、艺术和音乐）之中，能找到一些共享的概念。这本书为他赢得了普利策奖。《流动观念》在某些方面是之前那本书的延伸，在学术界之外不是那么有名。它的副标题是“思想的根本机理的电脑模型”。用普通人的话说，这本书讲的是人工智能。侯世达仔细观察了人类解决问题的技能，并建议用一些方式创造电脑程序，使其具有人类智能的特点，换句话说，这样电脑的“思考”就更像我们了。

科幻小说总是要领先一步，它们已经在探究这一切将会带来的影响。机器如果更像我们，那会怎么样？卡雷尔·恰佩克 1920 年的机器人戏剧表达了担忧。后来这种担忧又让位于一种阴郁的未来景象。这种景象见于电影《终结者》(它开启了所谓的“科技黑色”流派）和赛博朋克（cyberpunk）先驱们——比如约翰·布伦纳（John Brunner)、弗诺·文奇（Vernor Vinge）和威廉·吉布森（William Gibson）——的小说之中。吉布森被认为在他 1982 年的故事《燃烧的铬》(*Burning*

Chrome）中发明了“赛博空间”（cyberspace）这个词，而且他无疑使其流行开来。他 1984 年开创性的小说《神经漫游者》（*Neuromancer*）将会为《黑客帝国》（*The Matrix*）铺平道路，也预言了现代我们与互联网的关系。所以，侯世达那本讨论人与人工智能、我们与我们所创造的机器之间关系的书成为世界上最流行的书籍网站卖出的第一本书，这倒是再合适不过了。

你或许还记得，我在这本书的第一篇开头，提到了荷马在几乎是西方文明的第一本书中所描述的亚马孙人。所以我们以名字听起来如此古典的网站上卖出的第一本书来结束我们的图书馆之旅，看上去倒也合适。“亚马孙”或许已经在差不多 3 000 年的时间里改变了它的含义，书籍的形状设计或许已经演变，但是有一件事依然未变：这种或那种书籍仍然是我们文化宝贵的一部分。

为未来 3 000 年干杯！

致　谢

写这本书充满乐趣，这主要归功于以下人。感谢迈克尔·奥马拉（Michael O'Mara）的团队，尤其是休·巴克（Hugh Barker）、安娜·麦克劳克林（Ana McLaughlin）和加比·内梅特（Gabby Nemeth）自始至终的帮助与支持。我也要感谢我的博客“有趣的文学：文学趣味图书馆”（Interesting Literature）和推特（Twitter@InterestingLit）的读者和关注者。他们组成了一个美好的爱书人的社群，这也是我拖延时鼓励我的伙伴。最后，谢谢我的父母、我的兄弟马修和雷切尔。还有艾拉——“有趣的文学之猫”（the Interesting Literature cat）。

译后记

有人读了《围城》，求见作者。钱锺书道：鸡蛋好吃，何必见鸡？延续这个类比的话，《秘密图书馆》讲的就是鸡的秘密生活。

作品之中，有一个理想世界，如煎蛋般洁白香嫩。作品背后，另有一个现实世界，如鸡窝般蓬乱发臭。两相对照，看到了联系，看到了冲突，别有趣味。这大概就是本书——以及其他书话——的有趣之处。

在所有关于作者的故事中，我最喜欢看作者的成长。例如，乔治·艾略特的一节中讲到，她年轻时翻译了一本耶稣传记，培养了她健康的怀疑精神。例如，爱伦·坡为了生计，靠编写关于软体动物的书挣钱。类似的逸事散落书中各处，逐渐拼凑成一幅完整的图画。在这幅图画中，著名作者们的生活与我们并没有太大不同——谁都无法免除生活的徭役和命运的无常。他们不同的地方在于，他们动笔写了，并且一直写下去。我自己是一个起步阶段的写作者。这些故事安抚了我，缓释了某些莫名的焦虑。

最后说说翻译。翻译如同育儿。开始之前，不知道养一个孩子这么辛苦。开始之后，只能硬着头皮做下去，捉襟见肘的情况下，尽量求得问心无愧。等到孩子成人离家，又渐渐忘记了曾经的辛苦，只是为所取得的结果而自豪——即便那只是个普普通通的孩子。

翻译这本书的难点在于专有名词。我并非文学专业出身，所以许多文学名词需要一一查考。在这个过程中我惊讶地发现，本书中所涉及的人名、书名，有许多尚未有通行的中文译法。在这种情况下，我只能尽力找到最恰当的翻译，同时附上原文。因为能力有限，想必现在书中还有翻译不当之处，请读者在豆瓣页面留言指教。

翻译过这本书之后，我的最大感受是：真想把书中提到的书全都读一遍！世界上的好书如此之多，若是我躺在临终的病床上，忽然想起某本好书还一直没来得及读，岂不遗憾！这种对书籍与知识的渴望，或许就是我翻译这本书的最大回报。若是读者能分享这种渴望，我作为译者，会非常荣幸与骄傲。

柳建树

The Secret Library：A Book-Lovers' Journey Through Curiosities of History

by Oliver Tearle

First published in 2016 by Michael O'Mara Books Limited

Simplified Chinese rights arranged through CA-LINK International LLC（www.ca-link.com）

图书在版编目（CIP）数据

秘密图书馆：一部另类文明史/（英）奥利弗·特尔（Oliver Tearle）著；柳建树译.—北京：中国人民大学出版社，2019.1

（明德书系·趣味文明史）

书名原文：The Secret Library：A Book-Lovers' Journey Through Curiosities of History

ISBN 978-7-300-26434-9

Ⅰ.①秘…　Ⅱ.①奥…　②柳…　Ⅲ.①图书史-西方国家-通俗读物　Ⅳ.①G256.1-49

中国版本图书馆 CIP 数据核字（2018）第 260515 号

明德书系·趣味文明史

秘密图书馆

一部另类文明史

[英] 奥利弗·特尔（Oliver Tearle）　著

柳建树　译

Mimi Tushuguan

出版发行	中国人民大学出版社		
社　　址	北京中关村大街 31 号	**邮政编码**	100080
电　　话	010—62511242（总编室）		010—62511770（质管部）
	010—82501766（邮购部）		010—62514148（门市部）
	010—62515195（发行公司）		010—62515275（盗版举报）
网　　址	http：//www. crup. com. cn		
经　　销	新华书店		
印　　刷	涿州市星河印刷有限公司		
规　　格	148mm×210mm　32 开本	**版　　次**	2019 年 1 月第 1 版
印　　张	7 插页 3	**印　　次**	2019 年 10 月第 2 次印刷
字　　数	161 000	**定　　价**	49.00 元